Petra Moser / Martin Jürgens (Hrsg.)

Sterbenswörtchen

Versuche über das Ableben

Essays, Lyrik, Prosa und ein Brief

Neofelis

Inhalt

II

III

IV

EIN PAAR VERSUCHE, DAS LEBEN ZU LASSEN UND DAS STERBEN ZU FASSEN

Steffen Brück

Beginnen wir mit einer Umfrage zu den letzten Dingen:
Wie stellen Sie sich Sterben vor? Die Antwort bitte hier:
Ich weiche aus dem Leben und das Leben weicht aus mir.

*

Das wäre mal ein erster Versuch, es in Worte zu fassen. Aber möglicherweise zu sprachverliebt. Und auch ein bisschen vorschnell.
Vielleicht muss ich es mir ja gar nicht vorstellen.
Wer sagt denn, daß ich sterben will? Wer sagt denn, daß ich werde?

*

Wer sagt denn, daß ich sterben will. Der Überlebenskünstler Oskar Huth wollte ja auch nicht:

> Rechtschaffen ungern möchte ich am liebsten überhaupt nicht sterben.

So steht es auf seinem Grabstein.

*

Wer sagt denn, daß ich werde? Ich sehe es so wie vermutlich fast alle anderen Menschen, z.B. Marcel Duchamp:

Im übrigen sind es immer die anderen, die sterben.

Oder Vladimir Nabokov:

> Andere Menschen sterben; aber ich bin kein anderer; deswegen werde ich nicht sterben.

*

Ausnahmsweise

Nur nur nur nur nur nur nur
mal angenommen – ich meine:

Falls falls falls falls falls falls falls
auch ich einmal sterben werde,

dann dann dann dann dann dann dann
gibts keinen Grund zur Beschwerde,

denn denn denn denn denn denn denn
es trifft ja nicht mich alleine.

Und trotzdem: Ich finde, es wär doch gelacht,
wenn der Tod bei mir keine Ausnahme macht.

*

Andererseits weiß auch ich: In der Regel macht der Tod keine Ausnahme. Nicht mal bei Granddaddy Jake am Tag nach seinem hundertsten Geburtstag:

> Er lauschte angespannt in der Dunkelheit, eine Konzentration, die ihn aus sich selbst in eine leere Gelassenheit zu ziehen schien. Er hörte sein eigenes Herz, wie es zu schlagen aufhörte, die letzte Lungevoll Atem, wie sie ihn in leuchtendem Schweigen verließ. Er wartete, vollkommen still. Er hörte seinen leisen Schrei durch sein Fleisch zurückkehren und zum Mond hinan leiser werden. Und dann das Geflüster der Flügel, als er hochgehoben wurde. Daran, wie er getragen wurde, merkte er, daß es keine Engel waren, hätte auch keine Engel gewollt, war so sicher, daß es Enten waren, daß er nicht mal

die Augen aufschlug. Er ließ geduldig einen weiteren Herzschlag anschwellen, einen weiteren Atemzug, und dann sagte er ihnen störrisch, nachdrücklich, ohne eine Spur von Reue oder Bedauern: „Verdammtnochmal, ich war unsterblich, bis ich gestorben bin." Er wartete, aber es kam kein weiterer Atemzug. Er brach aus eigener Kraft zusammen, entspannte sich und ließ sich von ihnen mitnehmen.

Das ist die wundervollste Sterbeszene, die ich je gelesen habe. Sie stammt aus dem Buch *Fup* von Jim Dodge, aus dem amerikanischen Englisch übersetzt von dem inzwischen auch nicht mehr sterblichen Harry Rowohlt.

*

Nicht mehr sterblich: Diese Formulierung habe ich geklaut von dem inzwischen auch nicht mehr sterblichen Wiglaf Droste. Der sagte das immer über Menschen, die eigentlich unsterblich waren, zu Drostes Bedauern aber trotzdem gestorben waren, nur eben nur, um jetzt aber wirklich nicht mehr sterblich zu sein.

*

So wie Oliver Maria Schmitt für seinen Nachruf auf Loriot die ewigkeitswürdige Formulierung fand:

Er ist nicht tot – er ist ja nur gestorben.

*

Dem Tod gewitzt entgegentreten – in der Literatur geht das:

Verdammtnochmal, ich war unsterblich, bis ich gestorben bin.

Geht es auch im richtigen Leben? Zumindest der Legende nach. Denn der Legende nach sind das die letzten Worte von Karl Valentin gewesen:

Da hat man sein Leben lang Angst vor dem Tod und dann das!

*

Einerseits darf man ein Leben lang glauben, der Tod treffe eh nur die anderen. Andererseits ahnt man, es stimmt nicht: Ich bin alles andere als anders als alle anderen. Für die meisten Menschen aber gilt glücklicherweise immerhin, daß die *hora* nicht *certa* ist. Man weiß zwar, dass. Aber nicht, wann.

Wolfgang Herrndorf wusste sogar ungefähr, wann. Seine Diagnose (Hirntumor) war verbunden mit einer Prognose (nicht mehr lang). Im Angesicht des Todes begann er, den Blog *Arbeit und Struktur* zu schreiben. Darin auch den desillusionierten Satz:

> Es kommt kein Sommer mehr.

Die Gewissheit des ziemlich unmittelbar bevorstehenden Todes. Aber ganz genau weiß man es eben doch nicht. Herrndorf schrieb den Satz im November 2011. Es kam dann doch noch ein Sommer. Eigentlich sogar zwei. Ende August 2013 nahm er sich das Leben, weil es nicht mehr ging, solange es noch ging.

*

Du musst an den Sommer glauben,
ja, ich weiß, ist manchmal schwer.
Lass dir nicht den Glauben rauben,
denn sonst kommt kein Sommer mehr.

Und schon ist das Freibad offen
und der Sprungturm auf.
Du musst auf den Sommer hoffen
und den Sommerschlussverkauf.

Wind winkt durch den Weizen Wellen,
unter Bäumen steht ein Pferd,
krachend kaut es Mirabellen.
Ist das nicht bemerkenswert?

*

Reinhard Mey hat drei Kinder. Einer seiner beiden Söhne fiel als noch junger Mann ins Wachkoma und befand sich jahrelang in einem Übergangsstadium zwischen Leben und Tod. In dieser Zeit schrieb Hilmar Klute in der *Süddeutschen* über eine Begegnung mit dem Sänger. Der habe ihm auf dem Handy aktuelle Bilder seines Sohnes gezeigt. Seitdem geistert in mir die Zeile:

> Und auf dem iPhone Fotos seines Sohns im Koma.

*

Meine Mutter trifft noch regelmäßig einige Frauen, mit denen sie gemeinsam zur Schule gegangen ist. Bei einem dieser üblicherweise lustigen Abende erzählte eine Klassenkameradin von ihrer Tochter. Sie ist fast 50 und liegt nach einem Selbstmordversuch mit Tabletten seit neun Jahren im Wachkoma. Die Freundinnen hatten viele Fragen. Deshalb schlug die Mutter vor, ihre Tochter gemeinsam zu besuchen. Der Vater der Patientin chauffierte die alten Damen einige Tage später in einem Büschen zum Hospiz. Die Clique wurde ermuntert, das Zimmer der Patientin vollzählig zu betreten. Die Frau im Wachkoma sah, so meine Mutter, sehr frisch und gepflegt aus, ihre Nägel seien manikürt gewesen. Sie wirke, als sei sie in den letzten Jahren gar nicht weiter gealtert, sie habe auch immer noch schwarze Haare. Meine Mutter wunderte sich, wie viel Leben in ihr zu sein schien. Sie habe ganz wach geschaut, wenn der Vater gesprochen habe, den Blick zu ihm gewendet. Die Ärzte aber sagen: Es gibt keine Aussicht auf Aufwachen, Besserung oder dergleichen. Das Gehirn der Frau sei ein schwarzes Loch. Mehrmals im Jahr bekomme sie epileptische Anfälle, an denen sie sterben könne. Möglich sei aber auch, daß sie ihre Eltern überlebe.

Wenn das passiert, wird sie vermutlich keinen Besuch mehr bekommen. Ihr Sohn, der sie damals fand, will nichts mehr von ihr wissen. Er fühlt sich von ihr im Stich gelassen. Aufgewachsen ist er bei einer Tante. Die möchte ihre Schwester auch nicht mehr sehen. Trotzdem hängen im Krankenzimmer Bilder des Sohnes und der Familie.

Die Mutter sagt, ihr Enkel habe die Selbstmörderin „leider etwas zu früh" gefunden. Sie sagt nicht: „leider viel zu spät".

*

Michel de Montaigne schrieb:

> Philosophieren heißt sterben lernen.

Faszinierende Vorstellung, dass man das Sterben lernen kann. Ich habe den Spruch für mich abgewandelt:

> Meditieren heißt sterben lernen.

Lernen meint hier: sich anfreunden mit. Damit zu leben lernen. Weil Meditation meiner Erfahrung nach das beste Mittel gegen die Angst ist, die Angst vor allem, vor allem aber gegen die Angst vor dem Tod.

Eigentlich hatte ich mir vorgenommen, bis zu meinem 50. Geburtstag Meditation zu einem festen Bestandteil meines Lebens gemacht zu haben. Die Idee war, dass ich mich ab 50 langsam auf den Tod vorbereiten muss und die Meditation dabei helfen würde. Mit der Regelmäßigkeit aber hat es bis heute nicht geklappt. Hoffentlich fange ich rechtzeitig damit an. Ich sehe sehr alte Menschen, die immer noch große Angst vor dem Tod haben, und denke: So möchte ich nicht enden.

*

Mit dem Sterbenlernen befassen sich auch andere:

> München (dpa) – Der Verleger Hubert Burda will das Sterben lernen. „Das ist die einzige Weisheit, die man im Leben erreichen kann", sagte Burda, der am Montag 75 Jahre alt wird, dem Magazin der ‚Süddeutschen Zeitung': „Die eigentliche Lebenskunst ist es, dass dein Leben nicht auf der Intensivstation endet, sondern mit einer Überfahrt." Für diese Überfahrt müsse man sich vorbereiten. „Ich fülle mich mit Bildern und Poesie auf, um Proviant für das andere Ufer zu haben."

So viel Weisheit hatte ich dem Hubsi gar nicht zugetraut.

Sterben lernen, sterben können: Vor einigen Jahren betrauerte meine Frau den Tod eines Kollegen. Trost spendete ihr die Vorstellung, dass er es geschafft habe zu sterben:

> Wenn er es geschafft hat, werde ich es vermutlich auch hinkriegen.

Sagte sie. Und ich dachte:

> Sterben kann jeder!

Mir gefällt der Satz in seiner Doppeldeutigkeit: dass nämlich jeder jederzeit sterben kann (und nicht nur muss), und im Sinne von

> Sterben? Das kann doch jeder!

*

Jeder kann jederzeit sterben: Vor vielen Jahren kaufte ich mir ein Buch mit leeren Seiten. Ich begann, Zeitungsmeldungen einzukleben, vermischte Geschichten, die mich berührten oder zum Lachen brachten oder beides. Viele dieser Geschichten enden tödlich:

Mann telefoniert im Gehen, prallt gegen Baum und stirbt an Kopfverletzungen.

Frau sitzt vor Fernseher und wird von Fallschirmspringer erschlagen, der durch ihr Dach gestürzt ist.

Zweijähriges Kind zieht am Fernseher, wird unter ihm begraben.

Mann steigt nach schwerem Verkehrsunfall unverletzt aus Auto, tritt auf Stromkabel und stirbt.

Chinesin gesteht Ehemann, dass sie seinen Geschäftspartner liebt, wird daraufhin von Ehemann totgebissen.

63-jährige Frau sucht in Mülltonne nach Brosche und erstickt.

Rumänischer Radfahrer blickt sich nach schönen Frauen um, prallt gegen Brückenpfeiler, stirbt später im Krankenhaus.

Schwarm wütender Wespen tötet westenglischen Farmarbeiter mit mehreren hundert Stichen.

Frischvermähltes Paar in Texas verlässt Einfahrt des Friedensrichters, kollidiert mit LKW und stirbt.

Braut posiert auf Hochzeitsreise an Pazifikküste für ihren Ehemann, wird von Riesenwelle erfasst und ertrinkt.

Streit zweier Männer in Moskau, was wertvoller sei, Poesie oder Prosa, endet tödlich: Gedichte-Fan ersticht Roman-Anhänger.

*

Beim Sterben helfen: Wolfgang Herrndorf schrieb in seinem Blog, dass sich gleich mehrere Menschen bereit erklärt hätten, ihm beim Sterben zu helfen, „in erster Reihe meine Mutter".

Was für ein herzabschnürender Liebesbeweis: Das Kind, das man selbst zur Welt brachte, im Notfall auch wieder aus dieser hinauszugeleiten.

In Sandro Veronesis Roman *Der Kolibri* ist es umgekehrt: Der Sohn hilft dem kranken Vater aus dem Leben:

> Das war die letzte Station, diejenige, die (und der Zweifel war immer der gleiche) entweder wenigen Auserwählten oder wenigen Unglückseligen vorbehalten war: denjenigen aus der Welt scheiden zu lassen – aus Mitleid, aus Gehorsam, aus Erschöpfung, aus Verzweiflung, aus Gerechtigkeitssinn –, der einen in die Welt gebracht hatte.

Herrndorf hat die Hilfe seiner Mutter nicht in Anspruch genommen. Eine Pistole, gekauft in einem Neuköllner Hinterhof, war seine Exit-Strategie. Auch dieses Wort habe ich von ihm gelernt.

*

Zweiter Versuch, mir das Sterben vorzustellen: Ich liege auf dem Sofa und schaue einen Film. Der Film ist gut, die Figuren wachsen mir ans Herz, ihr Schicksal interessiert mich, wir kommen uns nah. Allerdings werde ich immer müder. Meine Verbundenheit mit den Menschen im Film kämpft mit meiner Müdigkeit. Ich will unbedingt wissen, wie es weitergeht für sie. Die Müdigkeit aber wird übermächtig. Und so füge ich mich drein. Ich höre auf zu kämpfen.

So vielleicht?

*

Wie Krankheit und allmähliches Sterben einen verändern – das kann auch komisch sein, wie ich in Sigrid Nunez' Roman *Was fehlt dir?* gelernt habe:

> Ganz am Ende seines sehr langen Lebens verfügte einer meiner College-Professoren, der sich in seiner Jugend für Menschenrechte eingesetzt hatte, nur noch über ein Vokabular von ein paar (gekreischten) Worten, eines war Schwuchtel und das andere war das N-Wort.

*

Der Vater eines Freundes, zeitlebens ein freundlicher, verbindlicher Mann, lag im Sterben: schwach, aß kaum noch, bettlägerig, die Augen oft geschlossen. Als dann aber seine Cousine, die ihn pflegte, sagte: „Ich schau mal, ob noch Markklößchen im Kühlschrank ist", entfuhr dem Sterbenden, während die Augen geschlossen blieben, ein so genervtes wie messerscharf korrigierendes „sind!"

*

> Ich glaube nicht an Gott, aber ich vermisse ihn.

Sagt Julian Barnes. Dieser Satz steht als Motto in seinem Buch über den Tod. Es heißt *Nichts was man fürchten müsste.*
Gibt es ein ewiges Leben?

> Für mich soll es das geben.

Sagt Reinhard Mey.
Ich habe das etwas verkürzt. *Die Zeit* hat den Sänger am Ende eines langen Interviews gefragt, ob er an das ewige Leben glaube. Und Reinhard Mey hat geantwortet:

> Ich wünsch es mir. Ich sage es Ihnen – und es kann sein, dass ich gleich anfange zu heulen: Ich würde so gerne unseren Sohn Max

wiedersehen, der mit 32 Jahren starb, nach fünf Jahren Wachkoma. Und das geht nur mit dem ewigen Leben. Ich kann es mir jetzt schwer vorstellen, aber ich möchte da hinauf zu ihm. Und auch wenn es das vielleicht nicht gibt, diese Vorstellung hilft mir, damit fertig zu werden. Für mich soll es das geben.

Genau so ist es.
Du musst nicht an Gott glauben, um ihn zu vermissen.
Du kannst dir das ewige Leben nicht vorstellen, aber trotzdem darauf hoffen.
Das ist das Trostbedürfnis des aufgeklärten Menschen.
Du musst nicht dran glauben, aber wünschen kannst du es dir.
Dir trosteshalber vorstellen, es sei so, wie Johnny Cash singt:

We'll meet again.
Don't know where,
don't know when.

Weiß nicht, wo, weiß nicht, wann, will aber, dass.

*

Mit so einer Wunschvorstellung endet auch der Film *Almanya* von Yasemin Şamdereli:
Die Lebenden und auch die im Film Verstorbenen feiern zusammen, im Sommer, auf einem Dach. Ganz unangestrengt und ohne Pathos setzt der Film die Realität außer Kraft und tut so, als sei es selbstverständlich, dass am Ende alle wieder fröhlich beisammen sind.

*

Nennt es naiv. Ich nenne es tröstlich.
Wobei: Unter Umständen, je nach Gemütslage, ist auch die Vorstellung tröstlich, dass nach dem Sterben nichts mehr kommt und ist und nervt und schmerzt und Furcht einflößt. Die Tröstlichkeit des Nichts sozusagen. Nichts als Trost.

*

Sechs Arten der Belohnung

Belohnung nach dem Laufen:
Gehen.

Belohnung nach dem Gehen:
Stehen.

Belohnung nach dem Stehen:
Sitzen.

Belohnung nach dem Sitzen:
Liegen.

Belohnung nach dem Liegen:
Sterben.

Belohnung nach dem Sterben:
Nichts.

*

Das große Wiedersehen, das *Meet and Greet* im Jenseits. Oder eben nichts. Man weiß es halt nicht. Man steckt halt nicht drin, im Tod, solange man im Leben steckt. Gerhard Polt hat seinen Kollegen Otto Grünmandl besucht, kurz bevor der gestorben ist: „Und da hat er in seinem herrlichen Tirolerisch gesagt:

> Gerhard, weisch, i stirb jetzt amol derweil ... und dann schau ma weiter."

Genau. Denn nur so gehts:
Erst müssen wir mal sterben. Dann können wir mal sehen.

*

P. S. Aus purem Trotz aber sei hier final festgehalten:
Erst mal sehen, ob wir müssen.

****

VOM LEBEN UND STERBEN

Barbara Zoeke

Ich frohlocke und steige auf den Totenwagen
Von wo ich rufe: Hoch das Leben.

Wassil Stus, ukrainischer Dichter (1938–1985)

BIOGRAFIE

Blaue Lichter Lupinen
Strassen
Ansichten
von Florenz

Fenster
        Gitter
Schatten
        Geviert
Höfe
Stock
Beet

AUS DEM TOTENBUCH

Masslos
das Herz
gewogen
verfettet
ein Frass
für Hunde

Zehr ich
Seit Sommern
Vom Gnadenbrot

Streng
entschwinden
die Monde

NIEDERSCHRIFT

Eine schmale

weisse

Figur
in einem

weissen

Bett
in einem

weissen

Saal
in einem

weissen

Haus
schluckt kleine

weisse

Pillen

ENDSTATION
Endstation

KEIN TROST

Alle Namen
noch einmal gerufen
Murmeltier Küken
Kuschelbär Bunter

Zarte Haut über
strengen Knochen
letzte Schwärze
unter den Wimpern
die Wärme der Hand
weicht langsam

Bilder im Hirn
ewiger Schuldspruch
hätte ich doch
und wenn

Aber zuletzt
findet keiner
etwas Besseres
als den Tod

Nur wir
ohne Gnade
für immer verlassen
schlagen die Augen auf

DROHNENFLUG

Es schneit in den Wäldern, mein Vater
    wartet am Fenster, die Brille
    in seiner Hand vergisst das Funkeln.

Die Brille, die Paragrafen bewandert, Zeile
    für Zeile. Jeder Absatz ein Berg. Trennt
    die Wut vom Hass, das Töten vom Morden.

Es schneit in den Wäldern, die Schwärze der Nacht
    zögert am Haus meiner Mutter. Komm nur
    herein, sagt sie. Hier steht dein Sarg.

NACHTLIED

Wenn der Abendstern steigt
leuchten die Banken und Kathedralen
stürzt die Sonne ins Meer
sinkt das Meer in die Nacht

Stürzt das Meer in den Tod
sinkt der Tag ohne Ende
blinde Augen schwere Wasser
zwischen Banken und Kathedralen

Nur der Abendstern
steigt

MANNE

Maximilian Riethmüller

„Wenn Du wissen willst, wie es früher war, dann musste rüber-fahr'n", erklärte Manfred Winter den Kindern, die er bei sich im Kleingarten Luftgewehr schießen ließ.

Die Sommerferien sollten bald zu Ende sein. Faulig-kirschige Bäume um die Friedhöfe herum verloren Rinde, und hier und da nabelte sich ein Wohnhaus durch nicht zu verhindernden Einsturz von der neuen Zeit ab und hinterließ klaffend-staubende Zahnlücken in der Stadt.

Chris hatte sich in der Kurve am Chemikerviertel totgefahren, das Wolfsrudel im Zoo frisch geworfen, und auf dem Marktplatz schmolzen, wie man hier sagte, die letzten Kullern Erdbeereis in die schlecht gezogenen Teerfugen.

Alle Dringlichkeit zur Vernutzung der Freizeit zwischen Elbe und Saale bäumte sich, so gut sie konnte, noch einmal zum Erlebnis auf. Manfred Winters Wangen sahen nach Tod durch Bluthochdruck aus. Er brauchte keine Neuigkeiten. Früher Elektriker, hörte man ihn heute öfters sagen, er habe sein Bier, er habe seine Rente. Und das stimmte.

Als ihm 97 der Führerschein entzogen worden war, beschloss er 98, seine Wohnung in der Plutostraße aufzugeben und in seine Datsche am Stadtrand zu ziehen und hier dauerhaft zu wohnen.

„Letzte Woche", Winter streichelte seinem Terrier über den unschön gewachsenen Kopf, während ihm auf der Hollywood-Schaukel der rechte angegraute Rosinen-Hoden aus der leisten-hohen Dederon-Sporthose fiel, „... letzte Woche ... Jungs, Jungs! Nun horcht doch mal zu!"

Das Luftgewehr durchplatzte die aufgestellten Dosen Hunde-futter, als könnte es das letzte Mal sein, dass so etwas geschehen könnte. Als würde die Schule alle Erinnerungen an das Schöne tilgen können und es gälte, sich einen Speicher zur Kompensa-tion zu erschaffen.

„Ich hab' mich mit ner Frau getroffen."

„Du Manfred? Ne Frau?"

Die Kinder durften Herrn Winter beim Vornamen nennen. Das zog zwar zunächst Irritationen bei Stefans Eltern und Patricks Mutter nach sich, schon nach zwei, drei Wochen aber stellte nie-mand mehr Fragen, wenn die Kinder zu „Manne" gingen.

„Ja doch, ihr Wänster! Ne Frau! Wir hatten uns getroffen – da beim Chinesen in Frotha, weeßte? Da an der Endhaltestelle. Ne ganze Stunde. Saßen wir da. Und da hat die, in einer Stunde, das musste dir mal überlegen, in einer Stunde hat die da drei Gläser Wein gesoffen. Na und da war mir klar: Dankeschön, auf Wieder-sehen! Alles klar: Alkoholikerin!" Manne nippte an seinem Feier-abendbier. Die Munition fürs Luftgewehr war ausgegangen. Die Kinder schossen taub.

„Is heute so. Die saufen und qualmen wie 's Böse. Also haben se früher ja auch. Aber ich sag mal, in Maßen, ja? Da warn die ins-gesamt anders zu DDR-Zeiten. Da mussten die alle arbeiten und waren praktisch trotzdem für die Familie da, ja? Nicht wie heute, wo sie gar nüscht mehr machen. Denken ja nur noch an sich."

Winters Hund war weg. Das unterbrach ihn für ein paar Momente. Wenn es um seinen Terrier ging, war Manne derart aufopferungsbereit, dass der Bürgermeister vor einem Jahr nach drei Tagen, an denen sich Winter auf den Marktplatz gestellt hatte, um immer wieder „Hieeer her! Johnny, Johnny, Johnny!" zu rufen, da Johnny ihm hier abhandengekommen war, einen

Aufruf zur gemeinsamen Suche an die Bürgerinnen und Bürger der Stadt gerichtet hatte. Auch wenn er ein Wessi war, das hatte Winter ihm nie vergessen. Als ausgerechnet ein junger Jugoslawe aus der ZASt[1] das Tier fand, war Manne klar: „Die haben mir den Johnny geklaut!" – schluchzte er damals, seinen Hund eng an die Brust gepresst.

Dieses Mal aber hatte sich Johnny nur unter der Hollywood-schaukel versteckt. „Da biste ja, meine kleene Püppie!" Winter wurde wieder ruhiger. Ein Apfel, der noch eigentlich im Leben war, fiel vor seiner Zeit vom Baum. Die Kinder, gelangweilt vom leeren Gewehr, machten sich daran, die Wespen mit den Hunde-futterkonserven zu zerquetschen. „Richtige Frauen, wie früher eben, das findeste hier nicht mehr. Da musste rüber. Nach Tsche-chei oder Polen. Rumänien... Und die Russenweiber, die ficken, bis sie kotzen!"

Winter fraß Zigaretten wie Brot. In jedem seiner Züge lag eine Mischung aus Anklage, Selbstmitleid und Trotz. Das abschät-zige Inhalieren formte den Vorwurf, ohne dies könne Manne es gar nicht durchhalten. So tief hatte ihn nur der Westen gebracht. Beim zerstäubenden Ausstoßen des Qualms spritzte der rächende Vorsatz, sich den Krebs anzurauchen, um dem System Geld abzu-ziehen. Herr Winter war ein Mann mit Rasierschnittwunden.

„Überhaupt, da an der Grenze zur Tschechei... da bei Herrns-kretschen oder wie das heißt; da haste das alles noch. Die Weiber und die Fidschis."

Manfred war stolz auf seinen Untergang. Und um diesen noch zu füttern, schob er hinterher: „Wenn du da bist, da merkste eben auch, die Gemeinschaft war ne ganz andere, ja? Also alle konnte ich auch nicht haben. Also von den Vertragsarbeitern da. Aber die Vietnamesen, die waren, also bis zu nem gewissen Grad...".

Die Kinder hatten sich inzwischen ein Bier geklaut. „..., bis zu nem gewissen Grad, waren die in Ordnung. Waren anständige

1 Zentrale Aufnahmestelle für Flüchtlinge.

Menschen im Großen und Ganzen. Eigentlich auch immer fleißig so an sich. Kannste nüscht sagen."

Bier schmeckte den Kindern noch nicht. Aber so wie Gebäude, von denen Eltern und Lehrer sagen, dass sie schön seien, nahmen sie es hin und tranken. „Das Problem waren eben die Namen och n Stück weit." Manne wurde wieder ernsthaft. Überlegte und grinste dann überlegend wegwerfend. „Ich meine, wie die och alle hießen, hier. Hing-am-Hang oder so!"

Beim heiseren Feixen bemerkte auch Manne seinen Hoden und schob ihn gekonnt ins Futter zurück. „Ich meine, wenn du sowas jeden Tag neben deinem Klingelschild siehst und dann noch die ganzen Zigeuner, die da rumscheißen und Musik machen bis tief in die Nacht ...; da kann ich die Menschen in Rostock schon verstehen. Is nicht schön, was da passiert ist, aber ich versteh's."

Die Kinder hatten die gefüllte Regentonne bemerkt. „Können wir da rein, Manne?" „Kloar! Aber schmeißt se mir nicht um. Ich brauch die noch für die Blumen." Winter brannte sich eine Zigarette an. Schaute kurz auf die sichtbare Hornhaut am Daumen und sah, dass er einmal etwas Wert gewesen war. Die Augen rollten von links nach rechts; zurück und nach oben, in die Kronen des jungen Walnussbaums.

„Wächst nüscht", flüsterte er vor sich hin. Und als er kurz versuchte aufzustehen, um zu schauen, ob die Studentenblumen noch etwas durchhalten würden, fand er einen Faden wieder, der ihm erleichternde Befriedigung ob des wiedergefundenen Vorwurfs verschaffte.

„Aber mit den Schwarzen – da kamen wir schon damals nicht zurecht. Und och mit den Orientalen nicht. Die haben sich ja teilweise gegenseitig auf die Fresse gehauen. Die Algerier und die Mosambikaner. Das war nüscht. Ich war mal Brigadeführer bei der Apfelernte gewesen, und da hatten wir so Kunta Kinte und so dabei. Weißte, was da los war? Oar nee! Arbeiten wollten se nicht, aber abends dann in der Disco, da sind se dann an die Mädels."

Manne schüttelte den Kopf, als könnte er es immer noch nicht fassen, dass ihm so etwas jemals zugemutet worden war. Tat einen tiefen Zug an der Zigarette, verhüllte sich heroisch hinter dem Qualm, um dann wie ein Kind loszulachen.

„Weißt du, was wir da mal gemacht haben?" Winter hielt an sich, das Bier nicht aus dem klebrigen Mund herauszuspucken. „Das muss so 77 gewesen sein; vielleicht 79 ... na jedenfalls Ende der 70er. Da war ich im letzten Lehrjahr. In Merseburg damals." Die Kinder waren mittlerweile nackt in der Regentonne und verglichen ihre Schambehaarung.

„Da waren wir in der Disco; also fast der ganze Betrieb. Und da wollten wir halt so 'n bisschen feiern, weißte. Hatten halt getrunken, 'n bisschen getanzt mit den Mädels und so. Naja, und dann kamen da so 'n paar Schwarze und fingen da an, sich zu besaufen und die Weiber anzutatschen. Und ich weiß es noch wie damals. Da sagte ich zu Harry, Harry war mein Kumpel in der Ausbildung, das geht doch so nicht, wie die sich hier benehmen. Na, und da kamen och noch welche von anderen Betrieben und wir hatten uns dann im Endeffekt gegen die gestellt."

Der „Endeffekt" war, obschon keiner hier wusste, was er bedeuten sollte, eine sprachliche Institution. Damit ließ sich alles erklären, alles heiligen, für jede Untat ein Vorwand finden. Winters Gesicht war rot geworden. Jeder, der ihn jetzt sah, wusste, dass er nicht mehr lange machen konnte. Auch die Kinder bemerkten das.

„Isses Luftgewehr alle?" „Na aber schon lange Manfred!", antworteten die nackten Kinder.

„Naja ... ist dann so, wa? Na, jedenfalls hatten wir die dann angesprochen, ob se das so richtig finden, hier sich so zu benehmen. Und da fingen die an zu diskutieren. Die konnten sich ja nicht mal richtig ausdrücken, die Brüder. Na, und dann kam eins zum andern. Da haben sich dann so 50, 60 Discobesucher" – Manne liebte es, wenn er versehentlich in ein schilderndes Beamtendeutsch verfiel; und war es auch nur ein Wort wie „Discobesucher" – „gegen die gestellt. Und der eine fing dann an, sich zu beschweren, und wurde dann och irgendwann handgreiflich. Na, was denkste, was da los war! Die ganzen Deutschen, die wollten ja ihre Frauen beschützen, drauf auf die beiden und dann kloppten sich da alle wie die Wilden. Und denn sind wir rausgegangen, weil die Schisshasen abgehauen sind. Na, und da sind wir dann hinterher. Und die" – Winter fing wieder an zu lachen – „die haben gar nicht mehr aufgehört zu rennen. Wir wollten die da nur 'n bisschen ärgern und den so och zeigen, wie es hier bei uns läuft, also wie man sich hier zu benehmen hat. Na, und dann – also nüscht Schlimmes, wir sind den halt hinterher, haben den auch 'n paar dumme Sprüche hinterhergerufen – da sind die Idioten auf die Brücke … Wart ihr schon mal auf der Brücke? Da in Merseburg? Müsst ihr mal machen. Is wirklich schön da. Na, jedenfalls die Idioten, wie Tiere sind die dann so auf die Brücke gerannt, wir hinterher und dann sind die Bekloppten da wirklich runtergesprungen." Manne prustete das Bier durch den Kleingarten. Die Hoden, alle beide, waren wieder zu sehen.

„Verstehste? Die haben da gar nicht lange drüber nachgedacht. Die sind da einfach runter. Und Harry, mein Kollege, weißt du, der ruft noch: ‚Die werden doch da jetzt nicht runterspringen. Der Wasserstand ist doch viel zu hoch. Da schwimmen die ja einfach weg! Werft ma noch 'n paar Flaschen hinterher, sonst passiert denen ja gar nichts!' Hat der halt so gefrotzelt, ja?" Winters angelaufene Augen grinsten, als wäre er froh, zum ersten Mal von diesem, seinem Abend erzählen zu können. Er bemerkte nicht, dass die Kinder ihm nicht zuhörten. Es reichte ihm völlig, dass Körper anwesend waren, die auf seinem Grundstück begannen, sich in der Sonne zu trocknen.

„Und dann warfen die da die Flaschen und 'n paar Steine und so hinterher; weil es war ja dunkel; die wussten ja gar nicht, ob sie die überhaupt treffen. Und dann plötzlich", Manne sprach, als wäre ihm damals ein Wunder widerfahren, „da ging die Straßenlaterne an und die ganzen Flaschenscherben, die reflektierten. Und da hamm wir gesehen; die Flaschen waren alle danebengegangen! Die waren schon vorher tot gewesen! Weil nämlich der Harry hatte sich geirrt gehabt. Der Wasserstand von der Saale", Winter brachte seine Handfläche zur Verdeutlichung in die Waagerechte,

„der war gar nicht zu hoch. Nee, der war zu niedrig gewesen. Die sind da im Sprung quasi auf irgendwelche Steine geknallt, war ja dann och so sechs Meter Höhe oder so, und sind da dann praktisch schon vom Aufprall her gestorben. Verstehste? Wir konnten da jar nüscht für. Unsere Flaschen haben die gar nicht getroffen!", lachte Winter und wechselte zwischen Bier, Hodengelächter und Zigarette. Es dauerte etwas, bis er sich wieder beruhigt hatte. Immer wieder gluckste er auf beim Erinnern, schüttelte nostalgisch den Kopf, streichelte den Hund und träumte ins Leere, bis er schließlich ganz verstummte. Als wären seine Worte für diesen Tag aufgebraucht. Winter sah erschöpft aus. Fast mutlos.

„Wir müssen dann mal los, Manne. Wir sind jetzt trocken und es wird langsam spät." „Wie spät is'n?" Manne schaute kurz auf sein kahles Handgelenk, dann wieder nach oben und grummelte leise, „beschissn". „Wir haben es schon dreiviertel fünf. Wir müssen nach Hause." „Na dann macht euch Heme! Aber hier, wartet mal. Ich hab da noch was für euch. Wartet!"

Winter verschwand in seine Laube. Sein Gesäß und ein Teil des unteren Rückens schauten aus dem bunten Streifenvorhang hervor, während die Kinder ihre Sachen wieder anzogen. „Hier nehmt das mal mit. Könnt ihr in der Schule verteilen oder so. Für eure Kumpels, könnt ihr euch mal n Spaß machen."

Der Sommer starb ab und die Schnäpse wurden getrunken. Eine Tatrabahn entgleiste in der Martinsstraße und die Zeitung berichtete darüber. Es kam eine neue Bürgermeisterin und ein Kondi eröffnete auf dem Platz der Völkerfreundschaft.

Und als die Schule begann, klebte auf dem Spiegel im Schulklo ein Sticker, den Manne den Kindern, kurz bevor sie den Kleingarten verlassen hatten, noch mitgegeben hatte, auf dem Otto Schily, in Polizeischläger-Uniform dargestellt, eine Sprechblase vor dem Gesicht hatte, in der stand: „Die Würde des Menschen ist unantastbar. Es sei denn, Du bist Deutscher. NPD."

DAS GESCHLEIFTE JAHR

Maximilian Riethmüller

... hat die Zehen blau,
den Buckel krumm.
Mit Atemnot und gelber Haut
scheidet's
letzte
Jahreszeiten aus.

Ein paar Stunden
schaufeln noch ein Grab,
's bluten nicht mal Wunden
dann: das Jahr stirbt ab.

Ein Pfleger kommt,
wechselt die Betten, die nassen.
Ich bete prompt:
Sterben und sterben lassen.

LEBEN IN DER NACHSPIELZEIT

Claude Cueni

Ich kann mich nicht erinnern, wann ich in den letzten 13 Jahren 24 schmerzfreie Stunden erlebt habe. Ich bin hauptberuflich krank und Dauerpatient im Zellersatzambulatorium der Hämatologie, in der Pneumologie, in der Neurologie, in der Urologie, in der Dermatologie, in der Kardiologie und im Augenspital. Meine tägliche Medikamentenliste umfasst 14 Positionen. Einige Pillen lösen plötzliche Muskelkrämpfe aus, tagsüber, in der Nacht, manchmal bricht dabei ein Stück Zahn ab. Die Kieferkrämpfe beim Essen und Zähneputzen nehmen meine Frau Dina und ich mit Humor. Sieht zu komisch aus. Das ist mein Leben, ein anderes gibt es nicht.

Selbstmitleid ist Zeitverschwendung und verstärkt lediglich die Schmerzen. Ich kann meine Krankheiten nicht heilen, aber ich kann meine Einstellung dazu ändern. Ich hatte stets eine sehr sportliche Einstellung zum Leben und habe längst akzeptiert, dass ich in der Nachspielzeit lebe. Ich fokussiere auf das, was mir Freude macht: Familie, Arbeit, Natur.

Wenn die Schmerzen stark sind, singe ich oft aus Trotz die Hits der 1970er Jahre. Man kann nicht singen und sich gleichzeitig sorgen. Die Hits aus Teenager-Tagen bringen die Zeit zurück, als das Leben noch unbeschwert war. Singen ist auch gut für die Psyche und hilfreich für meine Lunge, die nach der leukämiebedingten Knochenmarktransplantation bis auf 37 % abgestoßen wurde.

Man sagte mir damals, das sei irreversibel. Nichts hat mich in meinem Leben mehr motiviert, als wenn man mir sagte, etwas sei unmöglich. Nach jahrelangem Training zu Hause und optimaler Betreuung durch das Basler Universitätsspital, erreichte ich im April erstmals wieder 50 %.

Ich fragte letztes Jahr meinen Arzt, wieso ich noch am Leben sei. Gemäß Statistik müsste ich längst tot sein. Er antwortete, mein Verlauf sei in der Tat ungewöhnlich, und zeigte auf meine Frau Dina, die mich stets begleitet. Für ein Martyrium unter dem Damoklesschwert braucht es die richtige Lebenspartnerin. Dina hat nach dem Krebstod meiner ersten Ehefrau die philippinische Sonne in mein Leben gebracht. Sie leidet mit, bemitleidet mich aber nicht. In der philippinischen Kultur zählt nur der Augenblick. Sie spürt, wenn ich Schmerzen habe. Wir sprechen nicht darüber. Manchmal zwinkert sie mir zu und sagt: Spartacus. Die Larmoyanz in unseren Breitengraden ist ihr fremd. Auf den Philippinen fühlen sich die Leute nicht permanent traurig, deprimiert, überfordert und wegen jeder Lappalie unwohl.

Ich schlafe sehr selten vier Stunden ohne Unterbruch. Oft reißen mich ab zwei Uhr morgens Krämpfe aus dem Schlaf. Dina hilft mir auf die Beine, ich hake mich bei ihr unter, wir spazieren durch die Wohnung, wir sind Bonnie & Clyde, aber gewaltlos. Wenn ich nachts online bin, melden sich manchmal Leserinnen: „Können Sie auch nicht schlafen? Haben Sie auch solche Schmerzen?" Viele Menschen tragen einen wesentlich schwereren Rucksack. Jeder hat einen, aber nicht jeder ist gleich schwer.

Ich habe mich als Autor historischer Romane ein Leben lang mit dem Alltag in anderen Epochen beschäftigt. Leid und Schmerzen gehören zum Leben. Der Mensch ist stärker, als er glaubt, sonst hätte unsere Spezies gar nicht überlebt. Man kann Schmerzen medikamentös unterdrücken, aber bei der Dosis, die ich bräuchte, würde ich nur noch vor dem PC dösen. Für einen Roman würde es nicht mehr reichen, höchstens für einen Einkaufszettel.

Ernährung und Bewegung können im Einzelfall Schmerzen lindern, aber den Schmerzen kann man nicht davonlaufen.

Man sagt oft, hinter einem erfolgreichen Mann steht eine kaputte Frau. Bei uns ist es umgekehrt: Neben einem kaputten Mann steht eine starke Frau.

Mittlerweile bin ich an einem weiteren Krebs erkrankt, und die fortschreitende Polyneuropathie hat die Nerven in Füßen und Händen geschädigt. Das ist ein ganz neues Schmerzlevel, eine Spätfolge der erfolgreichen Chemos und Bestrahlungen. Das ist der „Nachteil", wenn man so lange überlebt. An schlechten Tagen erhöht sich die Sturzgefahr, ich verliere das Gleichgewicht und bewege mich wie ein Betrunkener durch die Wohnung.

In meinem autobiographischen Roman *Script Avenue* habe ich geschrieben: „Solange ich schreibe, werde ich nicht sterben" – und ich schrieb seitdem jedes Jahr ein neues Buch, als könne ich damit den Tod überlisten. Zurzeit arbeite ich an einem neuen historischen Roman, ein Verlag hat für Frühling 2024 den Publikationstermin reserviert, aber das Buch wird weder 2024 noch 2025 beendet sein. Vielleicht später, vielleicht auch nicht.

Jeder hat seine rote Linie. Es ist ausgerechnet die oft kritisierte Sterbehilfe, die einem die Kraft gibt, Schmerzen zu ertragen. Weil man es jederzeit beenden könnte. Weil das Leben trotz allem großartig ist, verschiebt man die rote Linie immer wieder – sei es auch nur für Dinas Pancit, ein philippinisches Nudelgericht.

VON DEN TODEN, DIE SCHNELLEN*

Petra Moser

Der Wetterbericht hatte Regen angekündigt. Er solle daher, so wurde ihm vom Chef ausgerichtet, nach Hause kommen und helfen, die Ernte einzufahren. Rasch.

Der kleine blaue Rucksack mit den weißen Trägern aus Kunstleder war schon gepackt. Darin das Vesperbrot, belegt mit geräuchertem, hauchdünn geschnittenem Schinken, der Apfel, die Trinkflasche gefüllt mit jungem Most und – darauf war sie besonders stolz – eine Packung Lakritzstengel, überzogen mit verschiedenfarbigem Zuckerguss. Alles war vorbereitet für den Schulausflug am nächsten Tag, an dem auch sie endlich als großzügige Spenderin von Süßigkeiten auftreten würde.

Die Wolken hatten sich verzogen und so war man davon ausgegangen, er habe die Heimfahrt verschoben und käme wie gewöhnlich erst am Wochenende.

In der noch immer fremden, neuen Küche im alten Haus bereitete Mutter das Abendessen. Sie schnitt Brot und deckte den Tisch, als sie das Telefon von Weitem klingeln hörte. Das war über ein

---

* Letzte Zeile aus Bertolt Brecht: Orges Wunschliste. In: Ders.: *Die Gedichte in einem Band.* Frankfurt am Main: Suhrkamp 1981, S. 212–213.

Kabel mit der Steckdose im Flur verbunden und hatte seit kurzem einen langen Auslauf. So war man je nach dem, wohin das Telefon entführt worden war, nicht mehr ganz so schnell zur Stelle, wenn es klingelte. Die Botschaft vom anderen Ende, eine belegte Stimme, kaum hörbar: der junge Bruder der Mutter, angefahren, schuldlos und sofort tot.

Der Fahrer eines Mercedes, angetrunken von einer Leichenfeier kommend, habe das Stoppschild missachtet. Für den frontalen Aufprall werde eine Geschwindigkeit von wenigen Kilometern pro Stunde geschätzt.
Tote dürften nicht im Krankenwagen transportiert werden – aus versicherungstechnischen Gründen. Gleichwohl sei er mitgenommen und der Tod daher erst im Krankenhaus amtlich gemacht worden.

Die Augen der Eltern gefüllt mit Tränen, gerötet wie nie, hilflos und leer. Der Schulausflug dahin. Als neues Ausflugsziel die alte Heimat, in der die Verwandtschaft verblieben war. Wie immer war sie zurückgezogen in ihre Haut, die zu dünn war als Schutz gegen alltägliche Angriffe und Unliebsamkeiten, dafür wasserdicht. Tränen perlten an ihr ab, rollten auf ihr entlang – diesmal die der anderen, der Mutter und für einen kurzen Moment die des Vaters. Beide schlossen sie unbeholfen in ihre Arme, versuchten den Schmerz in sie hineinzuheulen, suchten Nähe, um sich im nächsten Augenblick wieder zu lösen. Sie hatte keine Übung darin, weinende Eltern zu umarmen, irritierte und verunsicherte dazu. Dabei waren es Zustände, die ihr selbst, seit sie denken konnte, wie alte Bekannte vorkamen, und so kroch sie noch tiefer in sich hinein und wagte kaum einen Blick in die ihr fremd gewordenen Gesichter.

Die neue Heimat weit und die alte immer näher vor sich, sehnte sie sich danach, die Enge im Auto zu verlassen und erwartete die kurze, etwas hastige, stets freudige, aber auch ein wenig grobe Begrüßung durch die Verwandten. Endlich angekommen: nichts davon. Dafür die Küche des Wirtshauses voller fremder Menschen, ihre Zungen leer, in ungekannter Ruhe und trauerüberströmt.

Sie dachte an den Schulausflug, der nun ohne sie stattfinden würde. Das bedauerte sie und hoffte, niemand möge es ihr ansehen, dieses niedere Bedürfnis angesichts des Unglücks auf Lebenszeit: die Menschen in der Küche, als hätten sie ihre Vernunft abgegeben und eingetauscht gegen einen Zustand, der keiner Kontrolle unterlag. Durch die Falten in den Gesichtern suchten sich die Tränen ihren Weg. Alle schienen sie aufgelöst, in Lösung gegangen; nichts Festes war mehr an ihnen, nicht mal am Großvater, der sonst strotzte vor Handfestigkeit. Über Jahrzehnte hinweg hatte er die innerdörfliche Auszeichnung fürs „Klöpfen" gewonnen. Das „Klöpfen" war eine Technik, mit der ein meterlanges, zum Ende hin immer dünner werdendes, geflochtenes Naturseil, befestigt an einem Haselnussstock, einer Peitsche gleich, in eigentümlichen Drehungen kraftvoll durch die Luft geschnalzt wurde. Der dadurch erzeugte Knall schallerte die Straßen entlang, und selbst die Bewohner am Ende des Dorfes horchten auf und wussten: Es klöpft, Karl klöpft.

Diesen harten Kerl sah sie zum ersten Mal in sich zusammengefallen. Er hatte sich mit aller Kraft dem Fassungslosen entgegenzustellen versucht und war unterlegen. Der, den nichts erschüttern konnte, war zu einem formlosen Bündel geworden. Er musste ihre Blicke gespürt haben und piekste sie mit seinen kräftigen Fingern in die Seite. Lange schon war das ein Spiel zwischen ihnen, zur Begrüßung und auch bei anderen Gelegenheiten, und das immer im Beisein anderer. Ob er wusste, dass es ihr weh tat, wusste sie nicht. Ob er es – wenn er es gewusst hätte – sein gelassen hätte, auch nicht. Es war seine Art zu zeigen, dass er eine Art Sympathie empfand. Und nach dem Pieksen der feste Griff in den kleinen Po, begleitet von einem nach innen gehauchten „Zibele", dem alemannischen Wort für „Zwiebel". Auch dieser Griff tat weh, aber sie hütete sich, es zu zeigen, aus Furcht, er könne darauf verzichten und das vertraute Spiel einstellen. Erst viel später war sie sich sicher, dass er den Schmerz, den er auslöste, nie vermeiden wollte. Und vielleicht hatte er auch nicht „Zwiebel" gesagt, sondern „zwiebeln" – in der Mundart werden beide Worte gleich ausgesprochen –, was so viel bedeutet wie jemanden plagen, peinigen. Jetzt, in der alten Küche inmitten der Fremden: dasselbe Spiel, kraftlos und frei von jenem wohligen Weh, das sie zu vermissen begann. Der starke Mann hatte seine Kraft verloren, und sie fuhr fort im Begreifen dessen, was geschehen war.

Als die Zubettgehzeit näher rückte, stellte sich die Frage, wo sie denn nun schlafen würde. Bisher war ihr Schlafplatz in einem der zwei Betten gewesen, in der kleinen fensterlosen Durchgangskammer mit den drei Türen und einer Reihe von Glasbausteinen ganz oben an der Wand, von denen einer kippbar war und zum Klo reichte. Die beiden Betten gehörten den beiden jungen Brüdern der Mutter, den „Buben". Jetzt war eines frei und nur noch einer am Leben. Bisher – sie waren alle drei ruhige und tiefe Schläfer gewesen – genossen sie die ineinander geschlängelte, geknäulte Nachtruhe als Doppelgestalten – einmal sie mit dem einen und einmal mit dem anderen. Er, der größere, der Abhandengekommene, war bei ihr hoch im Kurs. Zu ihm konnte aufgeschaut werden und es wurde aufgeschaut, nicht nur von ihr. Besonders die Mädchen, die schönen, waren bewegt, und sie bewegten sich in seiner Gegenwart, als sei ein Fotograf in der Nähe, auf der Suche nach einem Motiv. Er konnte allerhand, war ein Artist, konnte rückwärts auf dem Fahrrad fahren und genoss das Staunen, wenn er waghalsig den abschüssigen Vorhof in einer Endlosschleife befuhr, genoss die ängstlich-mitfühlenden Laute der Mädchen, wenn er den Brunnen ansteuerte und im letzten Moment auswich. Es waren solche gefährlichen Momente, die es ihm angetan hatten.

Die Jungen im Dorf hatten ihn imitiert, ihn, der in so vielem besonders war, der sich ans Reparieren von verschlissenen Haushaltsgeräten und kleinen Motoren wagte, eine Engelsgeduld an den Tag legte, wenn es darum ging, etwas zu ertüfteln. Die Tangrame, die an einem seiner letzten Weihnachtsfeste in Umlauf waren – er war der erste, der mit einem zarten Schleier auf dem Gesicht, beiläufig den Gesprächen folgend, in aller Stille löste, was es zu lösen gab. Er war Vorbild und Kumpel zugleich. Und er liebte Musik, hatte Kassetten, selbst aufgenommene und gekaufte mit buntem Aufdruck, Songs von Anfang bis Ende, ohne Teile von Nachrichten und Werbung, die sich unfreiwillig dazwischen gemogelt hatten. Er hatte sie alle: alle, die wichtig waren, die wilden, die man laut hören musste, auch die romantischen für die blonden Frauen mit den langen Haaren, die sich um ihn scharten, die glaubten, ihn zu lieben, ihm ihr Leben zu Füssen legten, ihn vereinnahmten, bis er sich frei machte, vorsichtig, um ihnen nicht weh zu tun, um sie nicht weinen zu sehen. Keine Tränen bitte, no tears around me, nicht seinetwegen. Doch das gelang ihm selten.

Nachdem sie mit ihm im Geschlängel die Nacht verbracht hatte (eigentlich war er es, der sich spät nach ein oder zwei Rendezvous zu ihr und um sie schlängelte) durfte sie im Bett schon früh am Morgen – so eine unausgesprochene Verabredung – leise den Kassettenrecorder, der beim Drücken der Abspieltaste ein lautes „onx" machte, bedienen und Songs ihrer Wahl abspielen, zart und leise, leise und zart. Wie gut das war, so in den Tag zu starten. Noch immer sind die Songs in ihr versiegelt, ihr auch nach vielen Jahren vertraut wie damals, und noch immer sind sie gut und tun weh.

Und jetzt, ein Bett zu viel und die Frage: Wer schläft wo? Naheliegend, dass sie seines beziehen würde. Und gleichzeitig befiel sie ein Unbehagen, sich allein in dem Bett zurechtzufinden, durchtränkt von seinem Geruch, den sie hätte aus allen Betten herausriechen können und von dem sie nie genug kriegen konnte. Dieser Geruch war noch da, noch. Aber er löste nicht mehr das Behagen in ihr aus, das Gefühl wohlig und sicher zu sein in einer Wolke, in der jeder Atemzug nach dem nächsten gierte. Es breitete sich in ihr jetzt ein sanfter Ekel aus, der auch durch gutes Selbstzureden nicht weichen wollte. Dafür schämte sie sich, schämte sich vor den Leidenden, vor sich selbst und am meisten vor ihm.

Mit ihm führte sie insgeheim Gespräche. Er tauchte unerwartet auf, mal als Bild, mal „leibhaftig" und in Lebensgröße, stand da mit erwartungsvoller Miene. Sie sprach ihn an, wie ein schüchternes Mädchen einen entfernten Bekannten anspricht, dessen Besuch sie überrascht und der ihr ungelegen kommt. Freundlich, sehr freundlich, etwas verschämt auch und unsicher. Sie stellte ihm Fragen, deren Antworten sie fürchtete. Wo bist du, tut er dir weh, dein Kopf, was kriegst du noch mit, willst du zurück? Er lächelte nur und blieb unnahbar. Und zuletzt immer die Frage: Warum nur ist er herausgestorben aus der Welt?

Bei der Beerdigung war ihr eher nach Grinsen zumute, so sehr hatte die Trauer der Erwachsenen die ihre verdrängt. Sie schämte sich dafür und fühlte sich unbrauchbar. Ihre Schamesröte blieb unerkannt, denn es gelang ihr, was sie mochte: übersehen werden. So und nur so weitete sich ihre Welt.

Zum Beten hat sie bis zu diesem Tod die Hände gefaltet. Jetzt, da die Familie wie durch ein unsichtbares Band, das niemanden entkommen ließ, zusammengehalten wurde, änderte das Beten seine Richtung: Nichts mehr von den devot gefalteten kleinen Kinderhändchen dem großen Schöpfer entgegen. Das Beten glich nun einer Anklage. Er, Gottvater, der Herr, stand am Pranger, vor Gericht, sollte Rede und Antwort stehen. Die Rede glich einem Vorwurf, der in verschiedenen Formulierungen immer der gleiche war, und die immer gleiche rhetorische Frage schloss sich an. Einen Plan, mit der neuen Wirklichkeit klarzukommen, hatte sie nicht. Ihre Zukunft schien ihr offen, zu offen. Wie gerne wäre sie einen vorgezeichneten Weg gegangen, einen Weg, der keine Entscheidungen erfordert hätte, der einfach hätte gegangen werden müssen, abgearbeitet sozusagen. Ein Leben wie ein Arbeitstag mit pünktlichem Ende.

Die Tage nach der Beerdigung glichen einander, die Rotäugigen auch. Die frisch gebügelten Taschentücher aus Leinen wurden häufig gewechselt. Und das abendliche Bügeln der Großmutter war nicht mehr begleitet vom Erzählen von Geschichten, sondern von plötzlichen Juchzern, durch die sie dem verzweifelten Stöhnen eine optimistische Note zu verleihen suchte, dazu eine unablässig rote Nase, an deren Spitze sich kleine Tröpfchen sammelten, die sich zu langen Fäden auswuchsen und nach einem neuen Taschentuch verlangten. Je ungestörter Großmutter ihren Gedanken nachging, desto zuverlässiger suchten sich die Tränen Wege durch die Falten in ihrem rasch gealterten Gesicht. Was blieb, war der feucht-warme Geruch von frischer Wäsche, den sie noch immer gerne einatmete und der ihr – wie der Teergeruch nach einem leichten Sommerregen – zu einem heimeligen Gefühl verhalf. Die rote Tropfnase war ihr unangenehm und sie schämte sich auch für die hemmungslosen Gefühlsausbrüche der Großmutter, ließ sich das aber nicht anmerken. Und sie bedauerte, dass die nicht erzählten Geschichten, von denen sich noch unzählige im Innern der Großmutter befunden haben mussten, nun unerzählt blieben.

Feste waren fester Bestandteil der Familie – sie wurden zelebriert, ausgekostet; es wurde gegessen, getrunken, musiziert, gesungen und getanzt. Ausgelassen sein, das konnten sie alle, und das war wichtig, weil ,das Leben hart genug' war und man dem etwas entgegensetzen musste. An der Wand über dem Stammtisch in der Wirtsstube war ein pflügender Bauer gemalt und es stand geschrieben: „Tages Arbeit, abends Gäste! Saure Wochen, frohe Feste!" So hatte es Goethe, der der Überlieferung nach seinen Freund Aloys Hirt in eben diesem Dorf einst besucht hatte, anempfohlen.

Jetzt nichts von alledem: Kein ausgiebiges Essen und Trinken, kein Ausgelassensein bei vielstimmigem Singen. Nichts mehr davon, seit durch das Leben der Familie der Riss ging.

Wenn sie jetzt wie üblich ungesehen unter dem Stammtisch saß und den Gesprächen der für sie alten Männer zuhörte, horchte sie besonders auf, wenn es um den Tod ging. Sie würden ihrem Leben rasch ein Ende setzen, so waren sie sich einig, wenn erst die Zipperlein begännen. Schmerz- und schonungslos, ein für alle Mal – ohne jedes Gezeter, aus die Maus. Dass sie dann allesamt bis zum bittersten Ende an ihrem bisschen Leben hingen, zeigte sich erst Jahrzehnte später.

Immer schon hat sie gerne vor sich hingeträumt, ganze Tage verträumt, in der Schule am liebsten zum Fenster rausgeschaut, auch wenn es dort fast nichts zu sehen gab. Die paar Bäume nur und ab und zu ein Spatz oder zwei, die sich an verschmähten Pausenbroten zu schaffen machten. Der Lehrer, ein ältlicher Mann mit breitem Gesäß in speckiger Hose und dünnem langem Haar, von hinten über die große kahle Stelle gekämmt, versteht Spaß, hieß es. Sie mochte ihn nicht, nicht ihn und nicht seine Späße. Wann immer er sie im Klassenzimmer beim Träumen erwischte, nahm er die Gießkanne vom Fensterbrett, schlich sich von hinten an und goss ihr einen ordentlichen Strahl den Nacken entlang. Die Schüler waren sich einig: Der hat Humor.
Am liebsten träumte sie im Sommer vor sich hin; sie lag auf dem Bett, leicht bekleidet und spürte die Decke am Körper unter sich – bei geöffnetem Fenster der Geruch von trocknendem Gras, die Kuhglocken von weit her. Die Empfindungen trugen sie fort von der lästigen Haftung am Boden, die keinem nützte, am wenigsten ihr selbst. Sie erinnerte sich an die gemeinsamen Morgen nach den umschlungenen Nächten, begleitet von seinem Geruch und ihrer beider Musik aus dem Musikabspielgerät; das war jetzt in ihren Besitz übergegangen und in die neue Heimat übergesiedelt mitsamt der Kassetten, die ihr wie ein Schatz vorkamen.

Das Tabu, sich bei den seit je her seltenen, aushäusigen Wirtshausbesuchen auf der unteren Speisekartenhälfte zu verlieren, wurde wortlos aufgeweicht, und die Schläge wurden seltener. Mit Güte hatte das wenig zu tun, mit Kraftlosigkeit und Desinteresse schon. Die Erinnerung daran aber blieb und die Wachsamkeit im

Wissen, dass das alles jederzeit wiederkehren könnte. Der Glaube der Eltern an den Erfolg des Zuschlagens war stark. Und waren sie erst einmal dabei, entstand eine Art Zwang, der sie antrieb, jedem Schlag einen weiteren folgen zu lassen, bis die Wut ihre Körper verlassen hatte. Sie wusste fast nie, weswegen sie „vermöbelt" wurde. „Vermöbeln", das Wort hatten die Eltern sich ausgesucht. Es passte zu dem, was folgte. Die Mutter vermöbelte, während sie es aussprach. Mal mit Teppichklopfer oder Kochlöffel, meist mit bloßer Hand ins Gesicht, kurz und kränkend. Der Vater kündigte an, was folgen würde – die Vermöbelung. Das war der schlimmste Moment. Der Augenblick davor gab ihr für Bruchteile von Sekunden die Möglichkeit, zu entwischen. Eine Drehung, dachte sie, und ab durch die Tür an den Hasenställen vorbei durch den Hof auf das weite Feld, und ward nicht mehr gesehn. Die langen Augenblicke vor dem ersten Schlag: Waren sie überwunden, ließ sie sich fallen, ergab sich, schaltete sich ab und fühlte nichts. Kein Schlag, kein Tritt, kein noch so grausamer Fluch. Alles perlte ab wie die Tränen auf ihrer dünnen Haut. Sie hatte ihr überlegenes Gesicht aufgesetzt, ihre Empfindungen sollten verborgen bleiben, waren in die zweite Reihe verbannt. Die Erfolglosigkeit seines Zuschlagens steigerte seinen Zorn, spornte ihn an, er schlug sich in Rage auf dem kleinen Kinderkörper, tobte sich an ihm aus, trommelte mit den Fäusten auf ihn ein, holte aus, nahm den Fuß, trat und fluchte lauthals in die gestaute Luft hinein. Es dauerte, bis die Kräfte nachließen und die Wut abebbte, stoßweise, schubweise.

Sie fand ihn lächerlich, abstoßend, krank, und sein Geruch war ihr seit jeher zuwider. Er war im Rausch – sie auch, anders nur. Lag da, vermied den Blick in sein durch die Anstrengung ausgeleiertes Gesicht. Sie hatte gelernt, ihr Gefühl wegzusperren, ein regloses Gesicht aufzusetzen, um das Dahinter zu verstecken. Mit knochentrockenen Augen wartete sie auf die Traurigkeit, die sich für gewöhnlich später einstellte. Die Traurigkeit darüber, dass Mutter das zuließ, dass sie zuschaute. Dass sie ihn zwar anhielt, aufzuhören. Dass sie es aber nicht einforderte. Dass sie danach zu ihm war wie immer. Dass sie mit ihm ins Schlafzimmer ging. Dass sie blieb.

Sie wusste, dass er stärker war, und sie wusste auch, dass das noch eine Weile so bleiben würde. Aber es würde der Tag kommen, an dem sie sich widersetzen, ihn dadurch verblüffen und er unsicher seinen Unterkiefer nach vorne und wieder nach hinten schieben würde, irritiert von den neuen Verhältnissen. Die Angstverhältnisse würden sich umkehren, und die Grausamsten – würde sie dann denken – sind immer die größten Feiglinge.

Der Vater hatte ein feines Gespür dafür, wie Kränkungen bei anderen hervorzurufen waren. Auch bei ihr. Er konnte sie riechen, ihre Angst vor dem ersten Schlag. Also wurden die Abstände größer zwischen der Ankündigung der Vermöbelung und dem Zuschlagen, so groß, dass sie ihrem Impuls zu fliehen nachgab; er ließ ihr Raum, entfernte sich, zog sich etwas zurück, geschickt, ließ eine Tür zwei Handbreit offen. Die Möglichkeit, zu entwischen, glich einer Aufforderung: Lauf! Wenn du schnell genug bist, entgehst du dem Unausweichlichen. Er trieb sie an – sie ging in die Falle. Rannte um ihr Leben. Er hatte Zeit gewonnen, sich weitere Worte auszudenken, mit denen sich ihre Angst befeuern ließ. Lachte dabei mit vorgeschobenem Unterkiefer sein Lachen, das einem Tierlaut glich. „Ich schlag dich halb tot." Das war der Satz, der ihr durch Mark und Bein ging. Und den sie jetzt, wo der Tod ihrer aller Leben befallen hatte, hörte, wann immer sie in sein Gesicht schaute.

Von den Toden hätte sie sich damals den schnellen gewünscht. Dem Toten war es gelungen, wenn auch zu früh

***

DAS FUNDBÜRO

Katrin Seglitz

Als Kind habe ich viel verloren: Schlüssel, Schirme, Handschuhe. Meine Eltern schienen nie etwas zu verlieren, ich dafür umso mehr. „Wo hast du nur deinen Kopf!", stöhnte meine Mutter. „Hier!", sagte ich trotzig. „Pass auf", sagte mein Vater, „dass du den nicht auch noch verlierst." Ich erinnere mich noch genau an den Tag, an dem ich dachte: Wenn es das Wort *verlieren* gibt, dann muss es auch andere Menschen geben, die etwas verlieren. Das war eine Entdeckung. Und eine Erleichterung.

Schon bald kannte ich die Fundbüros unserer Stadt. Als meine Eltern fragten, was ich werden wollte, sagte ich: „Ich möchte in einem Fundbüro arbeiten." Sie waren sofort damit einverstanden. Die Ausbildung hat mein Verständnis für alle Vorgänge vertieft, die mit dem Verlieren zusammenhängen. Wir begannen mit der Frage, wer was wann und wo verliert. Gibt es Menschen, die mehr verlieren als andere? Warum verlieren sie es? Wollen sie es verlieren? Gibt es so etwas wie eine latente Verlustbereitschaft?

Es gibt Menschen, denen Besitz lästig ist, auch wenn sie das nie zugeben würden. Sie fühlen sich bedrängt von den Dingen, die sich um sie herum ansammeln, auf dem Dachboden verstauben und den Keller verstellen. Sie würden ihre Haustür nie abschließen, in der Hoffnung, dass in der Nacht jemand kommt und etwas mitnimmt. Am liebsten würden sie ein Plakat an die Tür hängen: *Hier gibt's was! Und ich bin froh, wenn es weg ist.*

In Zürich habe ich einen Mann kennengelernt, der bei Exit war. Er zahlte einen monatlichen Beitrag, denn auch das Sterben ist nicht umsonst. Er war alt, aber nicht sehr alt und hatte ein kleines Antiquitätengeschäft mit angrenzender Werkstatt. Munter erzählte er von Exit und ebenso munter von zwei Frauen, die ihrem Leben vor Kurzem ein Ende gesetzt hatten. „Sie sind friedlich eingeschlafen", sagte er. „Der ganze Vorgang hat nicht länger als drei Minuten gedauert."

Ich hörte ihm mit einer Mischung aus Verwunderung und Abwehr zu. Darf man dem eigenen Leben ein Ende setzen? Seitdem ich im Fundbüro arbeite, ist mir das Finden und Behalten wichtig geworden. Ich verliere nichts mehr. Oder nur noch selten. Ich möchte auch mein Leben nicht verlieren. Und schon gar nicht freiwillig. Ich dachte: Exist!

In der Nacht träumte ich, dass ich am nächsten Morgen um 8:30 Uhr hingerichtet werden sollte. „Das kann nicht sein", sagte ich fassungslos zu der Frau, die es angeordnet hatte. „Doch", sagte sie, „das kann sehr wohl sein. Es ist so. Da ist nichts mehr zu machen." „Aber warum? Was habe ich angestellt?" Sie schwieg. Und sah mich vielsagend an. Sie war von einer sachlichen Freundlichkeit und erinnerte mich an die Therapeutin, bei der ich einige Monate lang gewesen war. Sie hatte ihre Praxis in der Friedhofsstraße.

„Aber Sie sind doch eine gebildete Frau!", sagte ich. „Die Todesstrafe ist völlig unverhältnismäßig! Auch wenn ich irgendetwas angestellt hätte ..." Welche Gründe hatten zu dem Todesurteil geführt? Ich war sicher, dass ein Irrtum vorlag. Gab es die Todesstrafe überhaupt noch? War die nicht längst abgeschafft? Aber die Frau ließ sich nicht umstimmen. Deshalb musste ich verschwinden. Ich musste mich aus dem Staub machen. Ich würde einfach nicht erscheinen zu meiner Hinrichtung. Warum auch?

Ich suchte nach der Telefonnummer meines Vaters. Aber ich wusste sie doch auswendig! Trotzdem blätterte ich weiter in meinem Heft. Eine Nachbarin kam, sprach von dem Termin morgen, um 8:30 Uhr. Die Hinrichtung hatte sich also schon herumgesprochen. Ich wachte auf. Dachte an den Traum. Und wusste, dass ich dem Tod nicht entkommen konnte. Nicht, wenn ich mich aus dem Staub machte, nicht, wenn ich meinen Vater um Beistand bat.

Ein Freund hat mir neulich einen Witz erzählt: Treffen sich zwei Jäger im Wald. Beide tot.

Exist! Trotzdem. Bis zur letzten Minute. Ich gehöre zu den Menschen, die ins Anfangen verliebt sind. Gerne zitiere ich die berühmte Zeile von Hermann Hesse: „Und jedem Anfang wohnt ein Zauber inne." Oder den Satz von Augustinus: „Der Mensch existiert, damit ein Anfang sei." Wir können einen Anfang setzen, auch wenn alles nach Ende aussieht. Wir sind nicht festgelegt, und wenn uns jemand auf etwas festnageln will: Wir können die Nägel lösen.

In meiner Ausbildung haben wir uns mit dem Verlieren beschäftigt, aber auch mit anderen Formen von Verlusten: mit dem Vergessen, Verfallen, Versinken, Verrotten und Verstauben. Ich kenne das Vokabular des Verfalls und die Schriftzeichen der Holzwürmer. Ich weiß, warum Milch sauer wird, wie sich Schimmel bildet und Staub. Hausstaub. Sternenstaub.

Anschließend haben wir das Suchen untersucht, das unsystematische und systematische Suchen, einschließlich der Suche nach Pilzen. In Teil drei meiner Ausbildung ging es dann ums Finden. Es gibt Menschen, die finden, was andere verlieren. Und geben es ab. Ohne sie würde es keine Fundbüros geben, ohne sie hätte ich keine Arbeit. Ich bin ihnen, das muss ich wohl nicht ausdrücklich sagen, dankbar. Zum Bedeutungsfeld des Findens gehört aber auch das Erfinden und das Abfinden.

Mit dem Abfinden habe ich Probleme. Ich kann mich mit einem endgültigen Verlust schlecht abfinden, eine Berufskrankheit, eine *déformation professionelle.* Ich weiß, dass wir alles verlieren können und werden, aber es macht mir Angst. Vielleicht, weil ich damit so vertraut bin. Weil ich das Verlieren aus eigener Erfahrung, aber auch aus eigener Anschauung kenne. Denn ich lebe in Zeitz, der Stadt, die mit dem letzten Buchstaben des Alphabets beginnt und endet.

Hier wurde mal alles hergestellt, was ein Mensch am Anfang seines Lebens braucht. In Zeitz haben sich Ende und Anfang organisch verbunden. Unsere Kinderwägen wurden überall verkauft, auch im westlichen Ausland. Gegen Valuta, wie man damals sagte, also harte Währung. Während unsere weich war, Alugeld, fast nichts wert. Das merkten wir, als wir endlich DM bekamen. Wir hatten die DM unbedingt gewollt. Der Pferdefuß: Wir waren plötzlich zu teuer. Wir. Unsere Löhne. Und deshalb auch das, was wir machten.

Die Kinderwagenfabrik wurde geschlossen. Alle, die in der Fabrik gearbeitet hatten, verloren ihre Arbeit. Leider gab es kein Fundbüro, in dem sie ihre Arbeit hätten wiederfinden können. Das war ein Schock. Erst sind die Zeitzer gereist, weil sie schon immer reisen wollten. Dann sind sie gereist, weil sie es zuhause nicht mehr ausgehalten haben. Und dann sind sie weggezogen. Wir haben viele verloren. Vor der Wende die Ausreiser und Flüchter, nach der Wende viele, die arbeitslos geworden sind.

Als Kind habe ich oft das Lied vom Kuckuck gesungen und von dem jungen Jägersmann. *Und als ein Jahr vergangen war, da war der Kuckuck wieder, simsalabim bambasala dusaladim, da war der Kuckuck wieder da.* Es macht Mut, dass das Ende nicht endgültig ist, weder für den armen Kuckuck noch für uns. Die Frage ist nur: Ist es der alte Kuckuck, der im nächsten Jahr wieder kommt, oder einer, der dem alten gleicht, aber doch ein anderer ist, ein neuer, junger Kuckuck?

Von meinem ersten Gehalt im Fundbüro habe ich das Wörterbuch der Gebrüder Grimm gekauft, wegen des Aha-Erlebnisses mit dem Wort *verlieren*. Die Grimms haben nicht nur Märchen gesammelt, sondern auch Wörter. Es gibt 33 Bände, dicke grüne Bücher mit dünnen Seiten, auf denen 350 000 deutsche Wörter stehen, also verdammt viele. Beim Blättern stellte ich fest: Viele Wörter sind verloren gegangen. Ich las sie laut vor, um sie zu vergegenwärtigen, um sie auferstehen zu lassen. Aber das, was sie mal bezeichnet hatten, war tot und blieb tot. Auch, als ich das Fenster öffnete und jedes verlorene Wort laut hinausschrie. So wie ich später „Zekiwa!" gebrüllt habe. Leider ebenfalls vergeblich.

Ich möchte gern wissen, wer entschieden hat, die Kinderwagenproduktion abzuwickeln. Ich möchte mit den Verantwortlichen reden und die Hintergründe erfahren. Und ich will wissen: Kann die Entscheidung rückgängig gemacht werden? Wir sind wundergläubig, wenn es uns an den Kragen geht. Wenn wir unsere Arbeit verlieren. Oder, schlimmer noch: das Leben.

Halt! Stopp! Das Aus für die Kinderwagenproduktion kann und darf nicht verglichen werden mit dem Tod. Was von Menschen gemacht wird, kann von Menschen verändert werden. Wenn globalisiert wird, kann auch wieder regionalisiert werden. Man muss es nur wollen.

Sterben ist anders. Sterben ist endgültig.

Als ich eine Wochenendbeziehung hatte, dachte ich bei jedem Abschied: Ich muss üben. Für den endgültigen Abschied. Ein letzter Kuss, winken, bis man den anderen nicht mehr sieht, den Abschiedsschmerz aushalten. Bei der Geburt meiner Kinder dachte ich: Die Wehen sind eine gute Vorbereitung aufs Sterben, auch das Sterben wird irgendwann über mich kommen, ob ich will oder nicht, auch wenn ich schreie: Stopp! Halt! Ich kann nicht mehr! Ich muss mich unterwerfen, auch wenn ich das nie gut konnte. Ich muss mich fügen, auch wenn ich mich nie gern gefügt habe. Ich kann nicht mehr aufbegehren, auch wenn ich oft aufbegehrt habe in meinem Leben. Aber das wird mir nicht helfen, wenn es ans Sterben geht.

Ich werde einiges dafür tun, um gesund zu bleiben. Aber wenn es nicht mehr geht, werde ich, muss ich aufgeben. Und doch werde ich verzweifelt sein, wenn ich einen Herzinfarkt bekomme oder einen Schlaganfall, wenn ich an Krebs erkranke oder an einer Autoimmunkrankheit. Ich werde weinen, beten, um Aufschub bitten und um eine Gnadenfrist.

Ich habe Übung mit Fristen. Jedes Jahr bitte ich das Finanzamt um eine Fristverlängerung, nach Mahnungen, die immer drängender und drohender werden. Wenn ich die Steuererklärung dann endlich gemacht habe, nehme ich mir vor, sie im nächsten Jahr früher zu machen. Aber dann habe ich doch wieder anderes zu tun, besseres, als meine Steuererklärung zu machen. So wie ich Anderes und Besseres zu tun habe, als ans Ende zu denken, an mein Ende. Aber dann ist sie da, die Deadline.

Man muss einen Text lassen, wie er ist, auch wenn er den Idealvorstellungen nicht genügt. Man muss nicht alles sagen. Man kann es auch gar nicht. Einige Enden müssen lose bleiben, raushängen, damit andere anknüpfen können. Der dunkle Hintergrund von Paul Klees frühen Bildern ermöglicht den Farben, zu leuchten. Die Stille ist die Mutter der Musik. Das leere Blatt ermöglicht das Auftauchen und Sichtbarwerden des ersten Wortes. Des ersten Satzes: *Als Kind habe ich viel verloren.*

Wenn ich mein Leben verloren habe, werde ich erstmal gründlich suchen. Ich werde das Unterste zuoberst und das Oberste zuunterst kehren. Wenn ich es trotzdem nicht finde, gehe ich zum nächsten Fundbüro. Warum sollte es nicht auch im Jenseits ein Fundbüro geben, in dem die Leben schön geordnet nebeneinander liegen, wie bei mir die Uhren und Handys, die Füller und Brillen, die Schals und Jacken, Mäntel und Mützen? Ich werde sagen, wo ich mein Leben verloren habe, wie es aussah, wie es roch und schmeckte.

Und dann bekomme ich es zurück.

Das ist auch der Grundgedanke der Auferstehung. Ich bin nicht die erste, die hofft, ihr Leben zurückzubekommen. Bedingung ist allerdings, dass es gefunden und abgegeben wird. Aus Erfahrung weiß ich: Ein Fundbüro ist ein Ort der Hoffnung. Hier lässt sich mehr finden, als man sich vorstellen kann. Also. Vielleicht bekomme ich es zurück. Oder ich bekomme ein funkelnagelneues Leben. Ich. Meine Seele. Wenn man an die Trennung von Körper und Seele glaubt. Meine Mutter glaubte an Wiedergeburt. Sie glaubte daran, dass ihre Seele sich nach einer Pause einen neuen Körper sucht und in ihn hineinschlüpft wie in ein neues Kleid. Oder reicht ein Leben? Eine Steuererklärung reicht, aber ein Leben ist doch etwas wenig.

PENDELBLUT

(AUSZUG AUS EINER ERZÄHLUNG)

Christa Ludwig

Berlin um 1975: Manuel (5) hat seit seiner Geburt einen Herzfehler. Ella, seine Mutter, entscheidet: Sie wird ihm nicht nur verheimlichen, dass sein Leben gefährdet ist, er soll gar nicht erfahren, dass es Tod gibt. Ob er eine Überlebenschance hat, hängt u. a. davon ab, wie schnell er wächst. Wird die künstliche Herzklappe halten, bis man wieder operieren kann? Seine Eltern warten in dieser Szene auf die Nachricht aus der Klinik. Und auf eine weitere: Nach überstandener Chemotherapie wird Ellas Mutter mitteilen, ob es gelungen ist, den Tumor zu besiegen. Ella hat alle Hinweise auf Tod verschwinden lassen, auch die Märchenbücher. In einem der wenigen verbleibenden Bilderbücher steht an exponierter Stelle: „O!" Niemand bemerkt, dass Manuel, mit diesem Buchstaben beginnend, lesen lernt. Er gibt es nicht zu, er weiß nie, wann und worüber seiner Mutter sich aufregt; heimlich sammelt er Wörter mit ‚o‘. Sein Bruder David (9) beobachtet fasziniert die von einem Metzger im Hinterhof schwarz gehaltenen Schweine und lauert darauf, dass sie geschlachtet werden.

Als Manuel ein paar Tage später leise bedauernd sagte: „Jetzt ist es ausgegangen", musste Ella nicht fragen: Was? Sie hatte gesehen, dass sein Lebenslicht, die letzte seiner Geburtstagskerzen, nur noch ein kleiner Stumpen war; vielleicht war sie in die Küche gegangen, um nicht zuschauen zu müssen, wie das Licht erlosch.

Danach konnte sie das Wort ‚Licht‘ nicht mehr ohne Zögern aussprechen, sie musste einen Atemstau überwinden, fast ein Stottern bekämpfen, und das griff um sich, breitete sich aus wie eine Krankheit, statt ‚Lebensbaumhecke‘ konnte sie noch ‚Thujahecke‘ sagen, statt ‚Lebensmittel‘ ‚Nahrungsmittel‘, andere Worte waren nicht zu ersetzen und gingen verloren. Als sie einen Faden in eine Nadel ziehen wollte und dachte: Lebensfaden, einmal kommt einer und schneidet ihn ab – da riss das Wort ‚Faden‘; mit Barbara und ihrer ‚Lebensfreude‘ verdarb das Wort ‚Freude‘, sie sagte ‚trinken‘ und dachte: ‚ertrinken‘; sie sagte ‚gehen‘ und dachte: ‚vergehen‘. Sie lief unruhig durch alle Zimmer und immer wieder zum Telefon, sie schaute es an, als ob sie es zwingen wollte, endlich zu klingeln – für Manuel also ein guter Tag, etwas auszuprobieren, was vielleicht verboten war. David war nicht da, er bewachte im Wechsel mit Jürgen und Stefan den Rattenspalt, damit sie auf keinen Fall in diesem Herbst das Schlachten der Schweine verpassten.

Manuel fühlte sich unbeobachtet und lehnte sich an die Messlatte, die im Berliner Zimmer neben der Küchentür hing. Hier stand David immer mit geradem Rücken und hochgerecktem Hals und wurde gemessen. Manuel nicht. Wenn David wieder gewachsen war, jubelte er, Georg auch, Ella stand dann etwas abseits und schaute misstrauisch zu. Und nun versuchte Manuel, den Hals lang zu machen. Er legte eine Hand auf seinen Kopf, wie Georg es immer bei David machte, da lief Ella durchs Zimmer. Sie sah ihn und erstarrte.

„Mein Gott“, flüsterte sie, Entsetzen in den aufgerissenen Augen, „du bist gewachsen!“

Manche sollen wachsen, andere dürfen es nicht. Manuel überlegte, wen er fragen könnte, warum das so war. Georg? Die Oma? Die meisten brauchbaren Antworten hatte er immer von der Oma bekommen, aber er würde sie vorerst nicht sehen. Also Georg. Rasch zog er den Kopf zwischen die Schultern, ließ seinen Hals verschwinden, machte sich klein, der Schreck blieb in Ellas Augen, zögernd kam sie näher, schaute auf die Messlatte.

„Du bist gewachsen", flüsterte sie und Manuel versuchte, sich auf die genehmigte Größe zu schrumpfen. Das Telefon läutete. Sie zuckte zusammen, Manuel merkte, wie das schrille Klingeln sie von ihm wegriss, er atmete auf, blieb aber an der Messlatte stehen wie an einem Marterpfahl, während Ella in die Nische vor dem Wohnzimmer zum Telefon sprang. Manuel lauschte, sie sagte nicht viel, sie kam zurück, setzte sie sich neben ihn auf den Flokati und weinte. Das kannte er nicht.

„Was hast du?", fragte er.

„Nichts", sagte sie, nahm ihn in die Arme und drückte ihn fester, als man ihn drücken durfte. „Ich bin nur so froh!"

„Warum?", fragte er.

Da schellte es. Es war David.

Ella ließ Manuel los, lief David entgegen, bis in den Hausflur, sprach dort lange mit ihm, und als sie hereinkamen, rannte David durch das Berliner Zimmer und hüpfte.

„So komm doch zur Ruhe", sagte Ella, „bitte."

Am Abend saßen sie zu dritt in der Küche, Manuel im Berliner Zimmer hatten sie vergessen. Er hatte sich eine Zeitung geholt, darin fand er ein Foto mit zwei zerbeulten Autos, in der Schlagzeile fett gedruckt ein Wort mit ‚o', das er nicht kannte. Es war ein kleines Wort aus nur drei Buchstaben, fast alle kleinen Wörter kannte er. Eine Erinnerung beunruhigte ihn. Er ging ins Wohnzimmer, legte die Zeitung mit den kaputten Autos auf den Boden vor dem Fenster, kletterte auf einen Stuhl und starrte lange durch die Scheibe hinunter, wo er das Bremsen und das Quietschen der Reifen gehört hatte. Und dann war da ein Fleck auf der Straße gewesen, David hatte geschrien, der Fleck war schwarz und seltsam rot, er wurde grau, man konnte ihn immer noch sehen, obwohl er sich kaum noch vom Grau des Asphalts unterschied.

Aus der Küche hörte er Lachen. Er wollte gern mitlachen und ging zurück. Durch die offene Küchentür sah er: David saß auf dem Tisch, neben seinen Füßen auf der Tischplatte stand ein Glas Orangensaft, Ella saß neben ihm und baumelte mit den Beinen,

Georg kippelte mit dem Küchenhocker, sie tranken Wein. David nahm sein Glas, trank nur einen Schluck, und als er den Saft wieder von den Lippen nahm, sah er so glücklich aus, als hätte er flüssiges Gold getrunken. Manuel faltete das Zeitungsblatt mit den zerbeulten Autos und dem unbekannten Wort zusammen, versteckte es hinter den Büchern, ging in die Küche und sagte: „Ich habe auch Durst."

Sofort hörten alle auf zu reden, wurden steif und kleiner, als entfernten sie sich von ihm, aber Georg stand auf, nahm ihn auf den Schoß und goss ihm ein Glas Saft ein. Manuel zappelte, er wollte auf dem Küchentisch neben David sitzen, Georg half ihm hinauf. Manuel trank aus dem Glas hastig gerade so viel, bis es genauso voll war wie Davids, und stellte es dicht neben das andere auf den Tisch.

„Wir feiern", sagte Georg.

„Weil die Oma ...", sagte David.

Ella packte seinen Arm.

„... bald wieder Haare haben wird", sagte David.

„Aber sie hat doch schon welche", sagte Manuel.

„Ja, und die können nun wachsen!", jubelte David.

„Wozu?", fragte Manuel. „Sie hat doch so schöne Mützen."

„Eben!", strahlte David. „Die kriegen jetzt wir! Sie braucht sie nicht mehr! Nie wieder!"

„Ach so", sagte Manuel, verschob die Gläser und trank aus Davids; darin war ganz normaler Orangensaft, kein bisschen anders als der, mit dem er seine Marcumartabletten hinunterspülte, die er an diesem Abend noch nicht bekommen hatte.

Als am nächsten Tag aus der Klinik, in der er operiert werden sollte, ein Anruf mit einer hoffnungsvollen Prognose kam, wurde es für David quälend, schließlich unerträglich, sich auf nichts als bunte Mützen freuen zu dürfen. Er wollte sich freuen wie ein tanzender König. Er wollte jubeln, singen, jauchzen. Eine Stunde lang schaffte er es, hüpfend durch die Wohnung zu rennen, dann hielt er es nicht mehr aus. Er schloss die Türen des Berliner Zimmers, rannte ins Schlafzimmer, lehnte sich weit aus dem Fenster und schrie in den Hinterhof: „Meine Oma darf leben und vielleicht mein Bruder auch!"

Ella riss ihn von der Fensterbank.

„Ich fall nicht raus", sagte er.

„Schrei nicht so laut", sagte sie. „Wenn er das hört ..."

„Na und?", sagte David. „Er kapiert doch nichts. Er weiß ja nicht, was leben ist."

Er machte das Fenster zu und die Türen des Berliner Zimmers wieder auf. Manuel saß auf dem Flokati, starrte auf die Zeitungen und suchte das kleine Wort mit ‚o'. Er fand es überall, keine Zeitung, in der es fehlte, und oft genug stand es fett gedruckt in den Überschriften. Er sah zerbeulte Autos, brennende Häuser, umgestürzte Bäume, rauchende Trümmer. Was versammelte diese Bilder im Kreis des ‚o'? Georg fragen? Er traute sich nicht und wusste nicht, warum.

SENKEN UND DENKEN
ODER
WARTEN AUF DEN SARG

Guido Rademacher

Ein kleiner Trost, der Leichenkeller ist kühl. Die Pandemie hat nicht das gebracht, was wir Senker alle erwartet haben, aber das Klima hält Wort, die Hitzetoten nehmen zu. Trotzdem sind wir Senker enttäuscht, weil die Hitzetoten meist nur noch verbrannt werden, die Hitzetoten im Feuer und eo ipso in der Urne bestattet werden, wofür wir Sargträger, wir Senker und Denker, nicht zuständig sind, weil Senker Särge senken und keine Urnen, die gänzlich unspektakulär wie eine Vase im Erdreich abgestellt werden, während wir Senker ziemlich spektakulär die Särge mit großem Aufwand, meistens zu sechst, manchmal zu acht, und gelegentlich, bei einer massiven Eiche mit Goldbeschlägen und einem Leichnam mit großem Gewicht, auch zu zehnt versenken. Das Senken aber macht grundsätzlich Spaß, wenn man sich daran gewöhnt und das Leben als Krankheit zum Tode verstanden hat, dann ist der Moment, da wir durch die Kapellentür und zum Katafalk schreiten, mit Bach oder Mendelssohn-Bartholdy, suboptimal auch mit *Time to Say Goodbye*, im Trauerschritt marschieren und uns vor dem Sarg so tief verbeugen, als stände uns Donatellos Fuß im Nacken, also sein Bronze-David, dann ist der Moment, wenn wir den Sarg aufheben, neben flackernden Kandelabern und träufelnden Tränen, ein Moment, der momentan recht gewöhnlich ist, aber immer außergewöhnlich, wenn Tröger dann sagt: „Wohl auf zum letzten Gang."

Tröger mag es nostalgisch, aber er trägt nicht tragisch, sondern ästhetisch schön, er trägt den Sarg locker aus dem Schultergelenk mit einer kleinen Kraftübertragung über den Ellenbogen fast unbemerkt und schließlich elegant im Handgelenk, als trage er ein Teekännchen zum Marrakeschtischchen, während ein kleiner Tropfen über den Rand auf die Gräber tropft, was die Leichen zu goutieren wissen, weil Tropfen auf Tropfen das lebendige Sterben er-zählt. Und wir zählen die Särge, weil auch wir leben müssen, wir Senker einer Kooperative, die sich aus freiberuflichen Künstlern, Malern und Maladen, Autoren und Sensoren, freispielenden Schauspielern, freischaffenden Scharmören und freischreibenden Philosophen zusammensetzt, die einzigartig sind in dieser Welt und schon in Hollywood zu sehen waren, im Film *Das Leben der Anderen*, wo sie als Sargträger den Regisseur Jerska beerdigen, der einen Freitod genossen hat, der glücklich Unglückliche aus dem Märchen *Rotkäppchen und der böse Sozialismus*. Wir Senker aber brauchen Särge und kein Hollywood, Leichen in großer Zahl, die sich nicht verbrennen lassen, weil auch wir Freiberufler leben müssen und allein von der Kunst nicht leben können. Doch Pandemie und Ce-oh-zwei – für Tenöre eine Herausforderung – reichen nicht, weil alle die Urne bevorzugen, weil der Tod nur noch ökonomisch und vielleicht auch ökologisch ist. Obwohl, und das betont Tröger, unser Sargträgerchef, immer wieder, in Zeiten der Energiekrise, vielleicht die Erdbestattung doch der Feuerbestattung den Rang ablaufen wird, weil die Krematorien nicht nur ästhetisch verlieren, wegen Schultes & Frank, die hinter Sichtbeton zwischen Kanzleramt und Recyclinghof nicht unterscheiden können, sondern auch wegen Gasrechnung, oder Öl?, wer weiß das schon, jedenfalls wegen Feuer ökonomisch nicht mehr tragbar sind, während wir Senker allein mit Muskelkraft tragen, und Tröger so überaus ästhetisch elegant, dass selbst die Queen aus Engelland sich auf weiten und sanften Schwingen königlich getragen fühlen würde, wenn wir Senker nur den Auftrag hätten. Aber in Engelland, auch Exitland genannt, kennt man uns nicht, weil man in Engelland und Exitcountry, weder Handy noch

Tröger kennt, unseren Sargträgerchef erst recht nicht, der auch der Herausgeber der Werke Philipp Mainländers (5. Oktober 1841 – 1. April 1876) ist, der zwar weltweit bekannt, von Japan bis Brasilien, aber in Engelland und auch Deutschland kaum gelesen wird.

Wir sitzen immer noch im Leichenkeller neben einem Sarg, der nur noch als Attrappe da steht, als Symbol oder als Spur, im Sinne Walter Benjamins (15. Juli 1892 – 16. September 1940), eine Spur, die eine Kultur, im Sinne von Claude Lévi-Strauss (28. November 1908 – 30. Oktober 2009), der Vergangenheit in die Gegenwart transponiert, und nur noch als Zeichen präsent ist, ohne jemals vergangen und gegenwärtig gewesen zu sein, im Sinne Jacques Derridas (15. Juli 1930 – 8. Oktober 2004), nicht als Sarg und niemals als Leiche vor Ort, aber doch dagewesen zu sein, ohne jemals präsent zu sein, im Zeichen und im Symbol. Und Tröger meint noch, er lehnt sich gern mal an, an den leeren Sarg, dass Philipp Mainländer das schon geahnt habe, dass wir Menschen nur Produkte des Zerfalls sind, im göttlichen Sinne, die Abfallprodukte eines Gottes, der sich suizidiert, der sich aufgelöst hat, und wir Menschen et al. seine Teile sind, die sich langsam in der Entropie verlieren, also im weltlichen Sinne wir Menschen uns nur noch als Abfall durch den Raum bewegen und sukzessive erfrieren, sagt Tröger, der den Sarg jetzt fest umklammert hält.

Die Queen bestatten, das wäre noch was, denken wir am Attrappensarg im Leichenkeller der Friedhöfe am Halleschen Tor, oder beerben, denken wir, die Queen beerben und danach sterben, das reicht doch. Erben und Sterben liegt nicht nur phonetisch sehr nah beisammen, auch das Signifikat ist sehr entzückend. Und gerade als wir das denken, wir Senker und Denker der Sargträgerfirma Tröger & K. o., da kommt kein Schmetterling in den Leichenkeller geflogen, weil das wohl jedem Schmetterling zu klischeehaft wäre, in einen Leichenkeller zu fliegen, wo schon E. T. A. Hoffmann, Adelbert von Chamisso, Henriette Herz, Felix Mendelssohn-Bartholdy, Johann Carl Wilhelm Moehsen und auch Johannes Schenk und Dietmar Kamper und Reinhard

Lettau gelegen haben, mehr oder weniger, die wir mitunter auch persönlich beerdigt haben, wir langjährigen Senker der Sargträgerfirma Tröger & K. o., und wenn jetzt ein Schmetterling geflogen käme, der vielleicht als Inkarnation von Johannes Schenk sich auf den Sarg ohne Inhalt setzen würde, dann wären wir gleich wieder an das Klischee erinnert vom saufenden Senker und Denker und Künstler und müssten jetzt dringend ein Bier oder Rum trinken, Hand an Hand über das Deck der Arche taumelnd, den Griff am Holz, weil wir Senker und Seeleute das Holz nicht missen wollen, während Sarg unter Segel durch Pandemie und Posthumanismus schippert. Tatsächlich aber laufen wir abends ein, nicht als Senker zu Zwergen, sondern in den Hafen Golgatha, unsere Stammkneipe auf dem Kreuzberg, wo wir ganz wirklich ein Bierchen trinken, wenn wir die Gekreuzigten und Geknechteten des Post- oder Prä-Anthropozäns endlich ins Himmelreich am Mehringdamm oder der Hermannstraße getragen haben. Und Tröger sagt jetzt, in diesem Moment, da die Luft im Leichenkeller schon ein wenig verbraucht riecht, weil wir da schon tagelang sitzen, da sagt er: „Ein Sommer ohne Särge ist wie ein Winter ohne Brennholz." Und wir Kollegen denken, der Sommer ist tatsächlich wieder mau, so wie alle Sommer, weil die Kandidaten den letzten Sonnenstrahl genießen und lieber im Herbst oder Winter sterben wollen, oder im Frühling, das ist auch statistisch belegt, doch in diesem Sommer und auch schon im letzten ist die Rate doch viel mieser als all die Jahre zuvor, nicht weil die Kandidaten weniger sterben wollen, sondern weil sie sich nach Art der Lemminge haufenweise in die Urne stürzen, zumal eine klassische Beerdigung in Zeiten der Pandemie, also ein Sarg in der Kapelle mit Felix Mendelsohn-Bartholdy oder Johann Sebastian Bach und den Verwandten und Freunden in angemessener Zahl, nicht mehr zu denken, eo ipso nicht mehr zu erlauben ist, wegen der Hygieneverstimmungen im Volk, darum können die Toten nicht mehr unhygienisch beerdigt werden, wofür wir Senker aber das größte Verständnis haben und es trotzdem gern anders hätten, weil das nötige Trinkgeld nur bei großer Trauer und nur spärlich bei kleiner Trauer fließt, wie bei den Kellnern, die den größten Verdienst bei größtem Besäufnis respektive bei größter Umnachtung machen, wenn die Nacht schon fast ein kleiner Tod sein will.

Und wir sitzen im Leichenkeller und warten und starren auf die Sargattrappe und singen kein Lied und sagen kein Wort, weil alles schon gesagt ist, aber nur nicht von Jesus. Und da geht plötzlich die Tür zum Leichenkeller auf, wir schauen hoch hinauf und Licht bricht sich durch, fällt hinab auf die Sargattrappe, blendet unsere kläglich kleinen Augen, die wir reiben müssen, um dann, nach einem Moment der Irritation und des instinktiven Hodenknetens, Jesus zu erblicken, der da oben steht und auf uns hinabblickt, mit braunem lockigen Haar, das ihm auf die Schultern fällt, mit einem Bart so lang und knapp, wie nur ein heiliges Haar aus den Backen und vom Kinn tropfen kann, und natürlich von Leonardo da Vinci inspiriert ist, und irgendwie auch an die Mona Lisa erinnert. Und wir starren aus dem Leichenkeller hinauf in das Licht und riechen die frische Luft aus dem All, dem Allgegenwärtigen, und Tröger will sich gerade auf die Knie werfen und als kapitalistischer Sargträgerchef und häretischer Mainländer-Verehrer seine Sünden bereuen, da kommt Jesus ein paar Stufen hinab geglitten und wir erkennen – unseren Jesus aus der Taborgemeinde in Kreuzberg, Pastor Paul, der in seiner Gemeinde auch gern mal eine Zen-Meditation oder für die Fraktion vom FKK eine Massage mit Palmwedeln anbietet. Er schreitet hinab, wie immer lächelnd, oder auch nicht lächelnd, so eine Mischung aus Lächeln und Mitleid, wie bei da Vinci, und meint dann unten, *ganz unten* bei uns Senkern angekommen, dass da oben doch ein Sarg auf uns warte und wo wir denn blieben, worauf unser Sargträgerkollege Tröger ganz plötzlich wieder zum Chef wird und sich aufbaut, vor Pastor Paul Jesus, und fragt, wie das denn sein könne; hier unten im Leichenkeller sei seit Tagen kein neuer Sarg angekommen, und wer das denn sei, will er wissen und lehnt sich sehr potent, die Brust raus, mit dem Ellenbogen an die Sargattrappe, um dann doch zweimal mit dem Ellenbogen abzurutschen, worauf er sich, die Beine über Kreuz, nur schwer zurück ins Gleichgewicht strampeln kann und sich räuspert und ganz außergewöhnlich, fast kindlich, um Entschuldigung bittet und noch mal ganz leise meint, ihm sei keine aktuelle Sargbestattung bekannt. Wir Senker nicken und nicken und schauen voller Hoffnung auf unseren Jesus Paul Pastor, auf dass es gleich wider Erwarten doch endlich wieder eine Trauerfeier und Senkung geben wird, vielleicht mit Händels *Messias* und im schlimmsten Fall auch gern mit *You'll Never Walk Alone* mit Andrea Bocelli. Und Jesus schüttelt leicht den Kopf und nickt dann doch ebenfalls und sagt und sagt und sagt noch gar nichts und nickt noch immer und schaut uns liebevoll an, wofür wir ihn schon immer lieben, wie liebevoll er uns anschauen kann, während da draußen, auf dem Kapellenvorplatz, die Hinterbliebenen sich die Augen aus dem Kopf weinen. Und in diesem Moment greift sich Pastor Paul Jesus an den Bart und meint, dass der Sarg vom Bestatter direkt in die Kapelle transportiert worden sei, weil es sich bei der Verstorbenen um eine äußerst unberühmte Persönlichkeit handele, die weltweit so unbeschreiblich unbekannt sei, und auf dem Vorplatz der Kapelle schon an die vierzig Journalisten nicht warten würden und an die sechs Fernsehsender mit ihren Übertragungswagen nicht vorhanden seien, und überhaupt die Berliner und Brandenburger und die gesamte Nation nicht in Trauer sei, dass man den Sarg mehr oder weniger unbemerkt schon im Morgengrauen aufgebahrt habe, um dem nicht zu erwartenden Medienhype und den nicht vorhandenen und nicht trauernden Fans zu entgehen, sagt Pastor Paul und bittet uns in die Kapelle zum Katafalk.

Und wir schreiten wie immer im Trauertakt und heute ohne Musik auf den einsamen Sarg zu, und an den leeren Bänken vorbei, eins zwei drei, und müssen kein Meer an Gestecken und Sträußen umlaufen, und verbeugen uns ganz besonders tief am Sarg der Angela Merkel, die, so sagt das jetzt Paul Jesus Pastor, bevor wir den Sarg aufheben, ganz einsam im Lutherheim in Kreuzberg mit zweiundachtzig Jahren verstorben sei, ohne Angehörige und

Freunde, die aber in diesem Universum, in diesem unendlichen Davor und Danach, einzigartig sei, ein Unikat im All, und darum so berühmt wie keine andere vor ihr und nach ihr, ein Solitär im Kosmos unseres Verstandes, sagt Pastor Paul. Und Tröger darauf: „Wohl auf zum letzten Gang."
Und wir Senker denken, dass wir der Angela sehr dankbar sind und der Tod immer wieder auch sein Gutes hat, denken wir und senken den Sarg, stark verschwitzt und dehydriert, aber sehr spektakulär mit großer Geste ab, mit Philipp Mainländers Anleitung zum glücklichen Nichtsein auf den Lippen, der *Philosophie der Erlösung* – als gegenüber ein Schmetterling auf dem Grabstein von Johannes Schenk landet, mit seichtem Flügelschlag und zwei verschmitzten Fühlern, der ganz zärtlich auf dem Stein eine Spur hinterlässt.

STERBEN, EIN VERSUCH

Leon Ospald

Der Boden war gefroren. Auf den Feldern um den Friedwald lag
Schnee in Häufchen auf braunen Ackerschollen. Wir liefen von
der Kapelle aus los. Der Korb mit der Urne wurde abwechselnd
getragen.

„Nimm du mal Opa", sagte mein Cousin und drängte mir Korb
und Urne in die Hände. Ich nahm Opa und lief plötzlich wie auf
Eiern den Schotterweg entlang. Alles, was ich denken konnte, war:
Bloß nicht stolpern! Meine Cousins und Cousinen gingen hinter
mir, die restliche Familie und weitere Freunde kamen uns nach.
Ich glaube, eine Hand lag auf meinem Rücken. Ich weiß nicht,
wessen Hand es gewesen ist, aber sie tat gut, da wo sie lag. Ohne
diese Hand wäre ich sicher gestolpert. Mit Berührungen versi-
cherten wir uns unserer Gemeinschaft der Lebenden. Wir trugen
den Gestorbenen vor uns her, in dem Wissen, ihm irgendwann
folgen zu müssen.

Die Sonne schnitt von einem leer geputzten Himmel aus zwischen
den Bäumen hindurch. Jeder Atemzug kroch kalt durch Mund
und Hals.

„Opa hätte das Wetter gefallen", sagte meine Cousine hinter mir.

„Ja, er wäre wandern gegangen."

Wir alle wussten, dass unser Opa seit Jahren nicht mehr wandern
war, aber so erinnerten wir uns der Person, die verbrannt in der
Urne im Korb lag. Wir riefen ihn herbei und sprachen unsere

Gedanken aus, um etwas lebendig zu halten, um der unbegreiflichen Tatsache des Todes etwas entgegenzusetzen.

Ich lief an der Spitze des kleinen Trauerzugs. Die Hand in meinem Rücken war weg und hinter mir hörte ich Gespräche, leise, fast geflüstert über alltägliche Themen. Die Lebenden nahmen sich ihr Recht heraus, dem Tod mit Nebensächlichkeiten zu begegnen. Sie stellten den Schutzwall dar, hinter dem jeder Tag verlebt werden konnte, ohne unter dem Gewicht der Vergänglichkeit erdrückt – oder von der Leichtigkeit des Tages gejagt zu werden.

Ich lief allein mit Korb und Urne. Ich gehörte nicht länger zu den Lebenden. Ich war der Bote, der Fährmann, der Träger, der zwischen den Welten pendelt, der die Toten abholt und in ihre neue Heimat bringt. Ich wünschte mir die Hand zurück. Eine Berührung, die mir sagen würde: Du gehörst noch zu unserer Welt. Aber ich blieb allein. Für Minuten lief ich so. Ich kam in einen Wald und wusste nicht, wie es weitergehen würde. Ich kannte das Ziel nicht und wusste nicht, wie ich mich von dem Toten zwischen meinen Händen lösen sollte. Ich war sein Begleiter und wusste nicht, für wie lange noch.

Mein Onkel holte mich zurück. Er tauchte neben mir auf. Lief erst eine Weile schweigend neben mir und tat dann so, als ob er von unten mit der Hand gegen den Korb mit der Urne schlagen wollte.

„Hör auf!", zischte ich und konnte endlich wieder atmen. „Was machst du denn?"

„Hast du dich erschrocken?" Mein Onkel strahlte.

„Ja sicher, du Idiot!"

Der Pfarrer zeigte mir einen kleinen Altar, oder etwas in der Art, auf den ich die Urne stellen sollte. Wir sangen. Es war unglaublich schäbig. Unsere Stimmen quietschten im Wald herum und kein Ton wollte zum anderen passen. Die Urne war zu präsent; in ihrer Gegenwart ließ sich nicht singen.

Als die Urne in der Farbe hellen Tons dann in das Loch im Waldboden gelassen wurde, platschte es laut und die Trauergemeinde hielt den Atem an, unsicher darüber, wie das Geräusch zu deuten sei.

Der Pfarrer beugte sich vor und schaute in das Loch.

„Hoffentlich mochte er schwimmen. Da ist 'ne Menge Wasser drin."

„Er liebte schwimmen", rief meine Oma, und wir wussten, jetzt darf kurz gelacht werden.

Später saß meine Oma bei uns im Auto auf dem Rücksitz. Ich fuhr und schaute über den Rückspiegel immer wieder zu ihr. Sie war völlig drüber. Schnatterte in einer Tour und erzählte, der Pfarrer hätte noch zu ihr gesagt, dass sie ganz beruhigt alt werden könne, denn jetzt wisse sie ja, wie es bei ihrer Beerdigung zugehen werde. Und dann lachte sie. Sie lachte und konnte nicht mehr aufhören zu lachen. Also lachten wir mit ihr und verließen endgültig das Reich der Toten.

Man könnte sagen: Mein Opa konnte Tod. Meiner Urgroßmutter, seiner Schwiegermutter, bereitete er ein mehr als würdiges Ableben. Seltsames Wort: ableben. Es klingt wie: ablegen. Einen Mantel ablegen, ein Leben ablegen, ein Schiff legt ab. Verscheiden, Abschied nehmen, aus dem Leben scheiden, die letzte Reise antreten, wir haben viele Euphemismen, bloß sterben sagen wir nicht gerne.

Meine Urgroßmutter starb, weil sie nicht mehr wollte. So hatte sie es zumindest verkündet. Ihr ganzes Leben hatte sie an der Nordsee auf einem Bauernhof gelebt, hatte dort zwei Weltkriege und zwei Ehemänner überlebt und ihre letzten Jahre dann in ihrem Strandkorb sitzend in der unterfränkischen Provinz verbracht. Als über Neunzigjährige, als sie schon kaum mehr laufen konnte und ihre Zähigkeit, mit der sie durch ihr langes Leben gegangen war, zusehends abnahm, hatte sie sich während einer Familienfeier aus ihrem Rollstuhl emporgestemmt, hatte ihre gegerbten Hände auf den Holztisch, an dem die Großfamilie gerade bei roter Grütze zusammensaß, gehauen und gerufen: „Ich will nicht mehr leben. Es langweilt mich!" Und so wie sie es gesagt hatte, vollendete sie ihr Leben: Sie starb etwa ein Jahr nach der Familienfeier bei roter Grütze. Sie starb, weil sie es so wollte. Hätte sie sich zum Ziel gesetzt, hundertzehn zu werden, ich zweifle nicht daran, sie wäre hundertelf geworden. Wenn sie es gewollt hätte.

Sicher, der Umstand, dass sie nicht länger in ihrem Bauernhaus mit dem tiefgezogenen Dach, umgeben von Pferdeweiden und Pappeln hatte leben können, war für sie schwer zu verkraften gewesen. Aus der Gewissheit, mit der sie gespürt haben musste, dass Weiterleben nur verlängerte Anstrengung bedeutet hätte und dass ihr Körper ihr nicht mehr gehorchen wollte, zog sie den Schluss, dass sie lieber sterben wollte. Und diese Entscheidung vervollständigt für mich das Bild, das ich von dieser Frau gewonnen und behalten habe.

Mit ihr starb die Matriarchin der Familie. Und es verschwanden mit ihrem Tod zahllose Geschichten über Wettrennen am Außendeich, über Wagenkolonnen der Kriegsflüchtlinge, über britische Kampfpiloten, die über dem Wattenmeer die Orientierung verloren hatten und abgestürzt waren, nur um dann auf wundersame Weise gerettet zu werden. In allen Geschichten nahm meine Urgroßmutter die Rolle der Protagonistin ein: Sie war als Mädchen sieben Meter weit über die Priele gesprungen, sie hatte Flüchtlinge versorgt, sie hatte den Piloten aus dem Watt herausgetragen – sie erzählte, während sie Krabben aus ihrer Schale pulte, und wir wussten, dass ihr Zorn schrecklich sein konnte, zweifelte man am Wahrheitsgehalt ihrer Geschichten. So war es eben: Meine Urgroßmutter konnte sieben Meter weit springen und ausgewachsene Männer in voller Kampfmontur auf ihrem Rücken zwei Kilometer weit durchs Watt tragen.

Wenn ich sage, mein Großvater konnte Tod, dann meine ich damit nicht seinen eigenen. Er starb nach langer Krankheit und nach einem Prozess, der sich über zehn Jahre hingezogen hatte. Dennoch: Als Lebender konnte er dem Tod einen Raum geben, in dem gemeinsames Trauern in Gegenwart der Toten möglich war. Wir konnten der Toten gedenken, ihres Lebens und ihres Sterbens, ohne dass der Anblick der Leiche Schrecken verbreitet hätte.

Auf wundersame Weise sind durch den Tod zwei Menschen in Verbindung getreten, die als Lebende größtmöglichen Abstand voneinander gehalten hatten. Tatsächlich habe ich so gut wie keine Erinnerung an meinen lebenden Großvater und an meine lebende Urgroßmutter zusammen: Sie schienen eine Koexistenz innerhalb der Familie geführt zu haben, die beiden erlaubt hatte, nebeneinander zu leben, ohne viel miteinander zu tun haben zu müssen. Der Tod führte sie zusammen.

Seit ein Leben in ihrem Bauernhaus an der Küste nicht mehr möglich war, hatten wir ein Zimmer im Erdgeschoß im Haus meiner Großeltern für die damals bald Neunzigjährige hergerichtet. Die Ausstattung war im Laufe der Jahre immer stärker von medizinisch notwendigen Gegenständen und Möbeln geprägt worden. So auch das Bett, in welchem sie zum Schluss schlief, aß und in dem sie täglich den *Dithmarscher Boten* mit Hilfe einer riesigen Lupe las, um den Anwesenden die Zeiten von Flut und Ebbe mitzuteilen. In diesem Bett wurde sie gewaschen, und schließlich starb sie darin.

Ich kann nicht sagen, ob und für wie lange das Bett mit der Hebefunktion für die Kopfstütze, mit den verstellbaren Gitterteilen und mit der Triangel zum Hochziehen ,leer gelegen' hat oder ob es zwischenzeitlich verräumt, eingelagert und – unter Folien vor Staub geschützt – irgendwo abgestellt worden war. Oder ob es, bedeckt von einer Tagesdecke, wie ein Vorbote des Unabwendbaren weiter den Raum mit seiner stummen Präsenz beherrscht hatte, leer und abwartend, bis mein Großvater es dann gezwungenermaßen belegt hat. Sicher bin ich mir nur, dass einige Jahre vergingen, ehe wieder ein Mensch aus meiner Familie darin schlief, aß, las, gewaschen wurde und schließlich darin starb. Wo dieses Bett jetzt ist, weiß ich nicht. In meiner Vorstellung haben wir uns ein Totenbett geschaffen, das im Verborgenen darauf wartet, wieder gebraucht zu werden, und in dem die ganze Familie der Reihe nach dahinsiechen wird. Vielleicht wurde es aber auch längst entsorgt – das würde dem Pragmatismus meiner Großmutter allerdings ebenso widersprechen wie ihrer bäurischen Sparsamkeit.

Meine Urgroßmutter und mein Großvater starben im gleichen Bett. Eine größere Nähe zwischen zwei Sterbenden ist kaum vorstellbar. Zumal sie sich als Lebende nicht besonders mochten, ich vermute sogar, sie konnten sich auf den Tod nicht ausstehen.

Ein Jahr nach ihrer Verkündung, nicht länger leben zu wollen, nutzte sie, so kommt es mir vor, ein Zeitfenster von zwei Wochen, in denen ihre Tochter, von der sie die letzten Jahre gepflegt worden war, nicht zu Hause war, weil sie zu Freunden nach Frankreich fuhr. In diesen zwei Wochen entschlüpfte sie den fürsorglichen und haltenden Händen meiner Großmutter.

Mein Opa übernahm dann die Regie und nahm die Rolle des Zeremonienmeisters ein: Die alte Dame wurde gewaschen, hergerichtet, man scheiterte zwar daran, ihren Kiefer hochzubinden, also erstarrte sie mit offenem Mund, aber ansonsten war sie bereit, sich verabschieden zu lassen. Wir saßen bei ihr, wir tranken Tee neben ihr, erzählten uns Geschichten aus unserer Kindheit, und unsere Eltern erzählten Geschichten aus ihrer Kindheit, denn damals war die Dame auch schon da gewesen. Nach ein paar Tagen kamen die Bestatter und meine Urgroßmutter hatte ihren letzten großen Auftritt und trieb uns allen noch einmal den Schweiß auf die Stirn – so wie sie es als Lebende auch getan hatte.

Als die Bestatter den siebenundneunzigjährigen Körper meiner Urgroßmutter in den seelenlosen grauen Transportsarg gepackt hatten und sie aus dem Haus bringen wollten, mussten sie den Sarg kippen und anwinkeln, um durch die Tür und aus dem Zimmer zu kommen. Wir hörten den Körper darin rutschen, langsam von oben nach unten gleiten und dumpf gegen das untere Ende schlagen. Wir alle, auch die Bestatter, sogen die Luft ein und hielten sie an. Wir schauten uns an, in der Diele aneinandergedrängt, den grauen Behälter hochkant halb im Türrahmen verkeilt und halb auf dem Flur.

„Noch ein bisschen kippen." Fast aufrecht kam der Sarg um die Kurve und konnte im Flur wieder in die Waagerechte gebracht werden.

„Jetzt liegt sie aber ganz unten." Meine Cousine kräuselte die Stirn. Sie hatte recht und uns allen gefiel die Vorstellung nicht, dass der Körper, von dem wir uns verabschiedet hatten, jetzt mit den Füßen gegen die Sargwand gepresst dalag.

„Am Ende ist ihr der Rock hochgerutscht." Mein Opa blickte ernst auf den Sarg, „das würde ihr überhaupt nicht passen."

Darin waren wir uns alle sofort einig und auch die Bestatter stimmten zu, nochmal den Deckel anzuheben und nachzusehen, ob alles seine Ordnung hatte.

Wir hoben den Deckel an und verstanden sofort, dass wir das nicht hätten tun sollen. Uns schlug der Tod entgegen. Ohne jede Intimität zu einem Körper in seinem eigenen Bett, lag da bloß ein Leichnam. Eingefallen, grau, tot. Ein Scherz aus der Welt der Lebenden macht für die Toten keinen Sinn, er lässt bloß das Leben albern und klein erscheinen, prallen die beiden Welten aufeinander. Wir strichen den Rock zurecht, klappten den Deckel zu und begleiteten den Sarg bis zum Auto. Dann betranken wir uns. Der Schreck über den Blick in den Tod wich nur langsam.

FINALRAPPORT EINES WACHHABENDEN

Hannes Demming

Es rief der Mann am Kreuz:
„Sie wissen nicht, was sie da tun!
Vergib du ihnen, Vater!" Doch
wir wussten es genau.
Befehl, das ist nun mal Befehl.
Dem Kerl geschieht nur recht.
So dachten wir bei uns. Zu was
hat der sich auch erfrecht!

Es rief der Mann am Kreuz
dem Nachbarn zu: „Ich sage dir:
Noch heut kommst du ins Paradies,
ins Paradies mit mir."
Das ist mir ja ein netter Trost.
Sowas ist schnell gesagt.
Ins Paradies? Dass ich nicht lach!
Hat beiden nichts gebracht.

Es rief der Mann am Kreuz
der Mutter, seiner Mutter zu:
„Das ist dein Sohn!", und seinem Freund:
„Sorg du ab jetzt für sie!"
Musste es so weit kommen? Nein!
Der war nur einfach dumm!

Legt sich doch mit dem Klerus an!
Die machen ihn jetzt stumm.

Es rief der Mann am Kreuz
mit heis'rer Stimme nur dies: „Durst!"
Von Fliegen schwarz war sein Gesicht.
Es jagte in der Brust
sein Herz. In Qualen hing er da,
dem Publikum zum Spott.
Er drehte weg den Kopf, als ich
ihm Essigwasser bot.

Es rief der Mann am Kreuz:
ELI LAMA SABACHTHANI
Das ist auf Hochdeutsch: Gott, warum
hast du verlassen mich!
Ja, gottverlassen hing er da
in Glut, Blut, Schweiß und Staub.
Doch keine Antwort kam, rein nichts.
Sein Gott? Der war stocktaub.

Es rief der Mann am Kreuz:
„In deine Hände, Herr, befehl
ich, Vater" – ja, so schrie er auf –
„befehl ich meinen Geist!"
Wen meinte er damit? Vielleicht
war er verrückt vor Pein.
Das soll's ja geben, wird gesagt.
Das wird der Grund wohl sein.

Es rief der Mann am Kreuz
– und das war auch sein letztes Wort –:
„Es ist vorbei!" Dann war er tot.
Ich hab nichts mehr gehört
als Wind und Weinen nur; doch was
ich nicht vergessen kann:
Wie er mit letztem Augenblick
mich ansah, dieser Mann.

„MEINE LIEBEN"

ABSCHIEDSBRIEF 1999

Lothar Baier

                                                    Winter 1999

Meine Lieben,

        es hat etwas lächerlich Pathetisches an sich, viel Worte zu
machen, wenn man sich zum Weggehen entschlossen hat. Tag für Tag
verabschieden sich, mehr oder weniger freiwillig, zahllose Menschen
von dieser Welt. Viele haben nicht einmal die Gelegenheit, ein paar
Sätze zum Abschied zu hinterlassen. Es ist fast ein Privileg, noch
in Ruhe einen Brief schreiben zu können. Doch nicht jedes Privileg
muß auch ausgenützt werden. Warum diesen Brief hinterlassen? Weil
es so üblich ist? Nein, ich habe einfach das Bedürfnis, den Leuten,
die mir nahestehen, die mir geholfen haben, mit denen ich mich
verbunden fühle und an die ich mit Gefühlen der Liebe und der
Freundschaft denke, ein paar Anhaltspunkte zu geben, damit sie sich
nicht Gedanken in verkehrter Richtung machen.

        Um es kurz zu sagen, ich bin an einem Punkt angekommen, an dem
ich mich außerstande sehe, den permanenten Kampf sowohl gegen die
Außenwelt und als auch gegen mich selbst durchzustehen, den mein
Leben mir abverlangt, so wie es sich heute verknäult hat. Perioden
völliger Entmutigung durchlebe ich nicht zum ersten Mal. Sollte ein
solcher Zustand wiederkehren, sagte ich mir vor einigen Jahren, als
eine Periode gleichbleibender Finsternis zu Ende gegangen war, dann
könnte ich diese Qualen nicht noch einmal durchstehen. Es wäre dann
an der Zeit, dieses unerträglich gewordene Dasein zu beenden.

        Es ist nun soweit. Vor mir breitet sich wieder die entsetzli-
che farblose Wüste, die ich seit Anfang der achtziger Jahre
wiederholt und für lange Monate vor Augen gehabt hatte. Vor
anderthalb Jahren habe ich zum ersten Mal wieder gespürt, daß sich
unter mir ein Loch auftut und daß der Deckel, der es verschließt,
nicht fest sitzt. Was Jean Améry in seinem Buch »Hand an sich
legen« die Erfahrung des "échec" nennt, diese Akkumulation von
Niederlagen, von Demütigungen und von Versagen, deren Spuren sich
irgendwann nicht mehr auslöschen lassen, das hat mich zuerst leise,
und dann immer massiver heimgesucht. Medikamente erwiesen sich als

wirkungslos. Keine Minute vergeht, ohne daß sich der Gedanke daran nicht einstellte. Die Hoffnung, daß sich das eines Tages noch einmal ändern könnte, hat mich verlassen.

Es kommt hinzu, daß man sich in meinem Alter schlecht der Illusion hingeben kann, mit irgendetwas noch einmal neu anfangen zu können. Neben dem physischen gibt es auch das soziale und kulturelle Altwerden, und das scheint sich mir gerade in dem Maß zu beschleunigen, in dem ich Anstrengungen unternehme, den Anschluß nicht zu verlieren und neuen Entwicklungen zu folgen. Es ist auch in dieser Hinsicht alles umsonst gewesen - ich komme nicht mehr mit, und ich habe die Hoffnung verloren, jemals wieder mitzukommen.

Es fallen dann auch die Grenzen umso stärker ins Gewicht, an die ein mäßig begabter Mensch wie ich stößt. Wenn er keine sinnvolle Zukunft für seine Arbeit und sein Leben mehr sieht, dann verlieren seine begrenzten Anstrengungen jeden Sinn. Der Trost, daß man dann eben für die Schublade oder gar für eine Nachwelt schreibt, ist dem mäßig Begabten, der gleichzeitig nicht dumm genug ist, sich und seine Möglichkeiten zu überschätzen, versagt. Kann er mit ihnen in der Gegenwart nichts ausrichten, so kann er garnichts ausrichten. Was bleibt dann noch übrig?

Ein Mensch im Zustand depressiver Entmutigung hat nicht den Verstand verloren. Im Gegenteil, sein Verstand arbeitet und arbeitet völlig klar. Er erkennt nur, daß nichts mehr da ist, was ihn vorwärtszieht. Gerade habe ich Marianne Fehrs Biographie Niklaus Meienbergs gelesen und bin darin auf diese Sätze gestoßen, in denen der zürcher Redakteur Christoph Kuhn Äußerungen Meienbergs nicht lange vor seinem Suizid wiedergibt: "Er sagte mir, er müsse nun herausfinden, über was er denn schreiben wolle, und er meinte auch, dazu brauche er eine andere Sprache. Daß er nicht wußte, welche, bedrängte ihn. Das Schreiben war für ihn existentiell und zentral. Als das zu rutschen begann, stimmte nichts mehr, das ganze Koordinatensystem kam ins Wanken. So wurde ihm die Welt einfach immer fremder." Wenig später, am 22. September 1993, machte Niklaus Meienberg Schluß.

Ich bin jetzt älter, als er geworden ist: warum soll da ausgerechnet ich mich ans Leben klammern? Das Leben will mich auch garnicht mehr, jeden Morgen empfängt es mich mit den immergleichen Bildern einer farblosen Wüste und löscht alle Unterschiede zwischen gestern, heute und morgen aus. Jeder Tag ein einziger, nicht enden wollender weißer Schmerz, das ist nicht mehr auszuhalten. Dann lieber gleich ein Halt, der nicht mehr rückgängig zu machen ist.

2

Das einzige Versagen, den einzigen "échec" den ich jetzt noch beseitigen kann, ist das Versagen im Angesicht des herbeigewünschten Endes.

Mit der Bitte, mir die vielen Unannehmlichkeiten zu verzeihen, die ich Euch durch diesen ungeordneten Rückzug hinterlasse, verabschiede ich mich und sage ciao. Ich war gern mit Euch zusammen. Jetzt aber muß ich weg. Was dann immer noch nicht verschwunden sein wird, mein Leib, das soll in jedem Fall verbrannt und dann im Familiengrab in Karlsruhe-Rüppurr eingegraben werden. Alles andere sei Euren Gefühlen überlassen, freundlichen oder weniger freundlichen, und Euren Entscheidungen.

Was mit meinen Manuskripten geschieht, ist mir gleichgültig; möge meine Frau Angela, der die Rechte daran zufallen, sich mit meiner Verlegerin Antje Kunstmann verständigen und vielleicht auch mit meinem Lektor Heinrich von Berenberg. Falls der Leiter des französischen Literaturarchivs IMEC, Olivier Corpet, Interesse daran hat, könnten meine Papiere an dieses Archiv gehen. Sie lägen dann in absehbarer Zeit an einem Ort, der Abbaye d'Ardenne bei Caen, an dem ich ein paar gute Tage habe verleben können. Aber das muß nicht sein.

Dieser Brief von Lothar Baier (1942–2004) wurde den Herausgebern von Erich Hackl zur Verfügung gestellt. Er richtet sich an Freunde und Bekannte und ist damit so etwas wie ein Gegenstück zu Lothar Baiers Tagebucheintragungen (zwischen 1982 und 2004, dem Jahr seines Suizids), die der Selbstverständigung und Selbstreflexion gedient haben. Eine diesen Tagebuchnotizen gewidmete Publikation ist in Vorbereitung.

NULLO USUI EST*

Hermann Kinder

Die unverbrüchliche Wahrheit aller Meisterwerke und Studien sei, sagte er, nachdem wir, ich hinter ihm, durch den träge hinter uns wieder zusammenschlagenden braunen Türvorhang, er eingetreten, ich eingefahren war, und er sich, seine pinkfarbene zerknautschte NY-Kappe hoch lüftend, umschaute nach dem reservierten Tisch, wie verlangt weit von zugigen Fenstern – wahr sei, dass nicht zuletzt der digitale Mensch den Tod aus markloser Furcht nicht wahrhaben wolle. Er hingegen in keinster Weise. Der Tod sei ihm, rief er fast, der bedeutendste Weckruf aller Zeiten, womit er bei Alfred Biolek sei, der, bevor er jüngst verstorben sei, beteuert hatte, dass der Tod zum Leben gehöre, und komme er nicht heute, dann komme er eben morgen. Nun ruhe er in einer

---

* Nullo Usui Est: Es nützt nichts. Dieser so betitelte Text, wahrscheinlich der letzte, an dem Hermann Kinder gearbeitet hat, wurde nach dessen Tod am 27. August 2021 von Susanne Bürkle, seiner Frau, im Computer des Autors vorgefunden. Die hier veröffentlichte Fassung haben Susanne Bürkle, Petra Moser und Martin Jürgens aus dem hinterlassenen Fragment erstellt. Dabei wurde einiges ausgelassen (aus der Materialsammlung), anderes behutsam geglättet und manche Verdoppelung und in den Text eingestreute Assoziationen und Literaturverweise getilgt. Die vom Autor vorgenommenen Streichungen wurden zumeist übernommen, gekennzeichnet durch [...].

Urne auf Melaten[1] – welch ein finaler Auftritt auf hehren Brettern, die die Welt bedeuten.

Er saß schon, der Italiener räumte mir einen Platz frei. Zwar habe er die Idee, nur noch im nackten Sarg zu nächtigen, in festlichem Trauerhabit, was jede senile Bettflucht unterbinde, aufgegeben, da er am Rücken leide und sein ganzheitlicher Therapeut in den wohlverdienten Ruhestand getreten sei. Sargarten, fuhr er fort, seien ja eine Sache für sich; ob er sich für den von den um ihren ökologischen Fußabdruck Besorgten propagierten Bananensarg entscheiden solle, wisse er ebenso wenig wie, ob er, falls er sich für die Einäscherung entscheiden sollte, die 100 % abbaubare Papierurne wählen würde; Friedwald, sagte er mit erhobenen Händen, Friedwald sicher, aber wer will einer deutschen Eiche einen Scheißesack zumuten? Aber nichts für ungut, lachte er, wir haben es ja bislang überlebt, selbst Du, sagte er; viel zu laut, sagte ich, darauf er: Du piepst wie ein Heimchen am Herd. Er war wieder zu stolz gewesen, mit seinen künstlichen Ohren den Italiener zu beehren und nuschelte und spuckte ein wenig zwischen den Schneidezähnen, die schräg herausragten, weil ihn seine Dentistenphobie gehindert hatte, den ihm fremden Sohn seines ihm vertrauten, aber verschiedenen Zahnarztes aufzusuchen, damit er ihm die Schneidezähne richte, die er sich ausgeschlagen hatte, nachdem er über die losen Bändel seines englischen Lederschuhs gestürzt war und die ausgeschlagenen Zähne mit Pattex zurück ins Gebiss geklebt hatte. Hätte ich nur, hatte er damals gesagt, meine bückbequemen Slipper angezogen. Wo, fragte er, war ich stehengeblieben. Ja: Prächtig angetan sei er vor dem kargen Fichtensarg gestanden, habe aber seiner Kniearthrose wegen kaum über den Sargrand steigen und sich nur unter Qualen im Sarg ausstrecken können; sein Rückenleiden habe ein Feuer unter ihm entfacht, dass er umgehend sich an den Sargrändern wieder habe hochzuziehen versuchen müssen.

---

1 Bekannter Friedhof in Köln. Vgl. Hermann Kinder: *Mein Melaten*. Frankfurt am Main: Haffmans bei Zweitausendeins 2006.

Während wir in die Speisekarte schauten, zählte er alle Sargarten vom im Handel erhältlichen Öko- bis Eichensarg auf; auch böten bedeutende Künstler Sargunikate an, unerschwinglich, winkte er ab. Er ließ die Speisekarte sinken, hob sie wieder auf, klappte sie zu und klappte sie auf, wobei er sagte, dass es nicht auf den Sarg, sondern auf die Todesexerzitien ankomme, die in Polynesien nicht dem Körper, tino, gälten, sondern der Seele, agaga, iho, wailua, aeinua oder kuhane und uhane genannt (so auf den Osterinseln), erklärte er. Er hatte wieder vergeblich in seinen Taschen nach seiner Lesebrille gesucht und beschied: Come sempre, keine Antipasti, keine Primi Piatti, kein Dolce, zumal sein Nabelbruchband, geschuldet den Flatulenzen, enorm spanne; die bewährten Spaghetti also, aglio e olio, und Du doch sicher auch, tut Deinen Gefäßen gut, wenn Du nur den Parmesan weglässt. Seine Leib- und Magenlektüre seien die Darstellungen vom Ende bedeutender Männer: Bachs Elend nach der verpfuschten Staroperation, die dann auch bei Händel nicht gelang. Früher habe er selbst mit der Lupe Fotos von Hinrichtungen studiert, das Davor Danach des Körpers nach dem Schuss oder Schlag. Mittlerweile schalte er jeden Kriegs- und Kriminalfilm sofort ab. Den *Stechlin* hingegen, sagte er, habe er mehrmals gelesen, einmal sogar am Ufer des unergründlichen Stechlinsees, nahezu gierig auf die Apotheose des sanften Todes des weisen, greisen Dubslav.

Ein neuer Kellner in langer weißer Schürze hatte zuerst mir, dann ihm die Tellerschüssel mit den Spaghetti mit einem Prego hingestellt, und er entfaltete die knappe Papierserviette, gehalten in italienischen Farben, und fingerte zwei Klammern hinter seinem offensichtlich viel benutzten Einstecktuch hervor, mit denen er die Serviette an den Jackenrevers befestigte. In seiner Jugendzeit habe er, sagte er, nicht Fontane gelesen, sondern Günter Steffens, Fritz Zorn. Eine deutlich jüngere Bekannte, die als ehrenamtliche Bibliotheksleiterin im Klinikum der Stadt arbeite, habe ihm Gabriele von Arnims *Das Leben ist ein vergänglicher Zustand* leihen wollen, das er schon nach dem ersten Satz zugeschlagen und entschieden der Bibliotheksleiterin zurückgereicht habe: „Er weiß alles und er kann es glänzend wie eh und je formulieren. Nur versteht ihn kaum jemand." Keinen Thomas Bernhard lese er wieder, den *Untergeher* habe er in die Tonne geschmissen, verschraubter Satzklamauk, Litaneien mit einem Zwergenwortschatz, für den sich Thomas Mann schämen würde. Nebenbei, sagte er, lese er nie *Die Betrogene.* Es sei, erbat er sich sagen zu dürfen, das Schaben einer Sprachsau an der Eiche des Erhabenen, für die Martin Walser das auch nicht unbedenkliche Wort „Verschwindenskapazität" geprägt habe. Nach dergleichen müsse er sich die Gouldberg-Variationen auflegen. Auflegen, lachte er auf, auch ein Wort, das die Jugend nicht kenne. Was wüssten die jungen Leute denn überhaupt noch, sagte er mit herabgezogenen Lippen, „Ausbund" nicht, das „nimmt mich wunder" nix, „das schlägt dem Fass den Boden aus" nada, keine Telefonzelle, kein Tipp-Ex; die kleinen Propheten halten sie für eine Indianer-Rock-Band – aber dafür die Wortgewalt von ‚ein bisschen', ‚keine Ahnung', ‚okay', ‚echt', ‚genau', ‚verkackt', ‚cool', ‚kommunizieren', ‚krass', ‚unterwegs sein', ‚total', ‚super' oder, ‚what ever', ‚groovy', ‚ok' sei, um den ‚definitiv', ‚ultimativen', ‚fun', um von weiteren Unaussprechlichkeiten mit amerikanischem Migrationshintergrund ganz zu schweigen. Ich sage mal so, sagte er, natürlich ist das Momentum eines Diskurses, wie man so sagt, mit dem Fokus auf den Fakt des höchst vulnerablen, wie man so sagt, und schlussendlich wohl gecancelten Plurals bei diversen Subjekten prioritär. Sehr gute Frage, herrschte er mich an, natürlich kommuniziere er das ernst, denn step by step sei jeder Sprachverlust, Stand heute, Kulturvernichtung. Wer brauchen ohne zu gebraucht, braucht brauchen gar nicht zu gebrauchen.

Als er, sagte er, seine vacanza im Hotel Villa Cattani Stuart in Pesaro verbracht hatte, sei er der größte Meister aller Zeiten in der Handhabung der Gabel beim Essen der Spaghetti gewesen; nun müsse er, bedauerte er, sich eines Löffels bedienen. Non si fa, da die dolorose Arthrose seine aufgeschwollenen Finger zu den einfachsten Bewegungen zwinge, weshalb er, da die Hände zudem von Altersfleckenmeeren überflutet seien, schwarze Handschuhe tragen müsse. Manchmal aber könne er überhaupt nichts mehr zu sich nehmen. Drastischer als sein bodenseemilder Landsmann Walser habe Abraham a Sancta Clara den Menschen als Horsack bezeichnet, als Scheißetonne, keineswegs abwegig, was jeder Chirurg wisse, der je einen Menschen aufgebrochen habe. [...]

Für sein, sagte er, um es drastisch zu sagen, Leichenfest habe er sich eine Soirée ausgedacht mit Vanitastexten von Gryphius bis Robert Gernhardt, gesprochen von den Besten, zum Beispiel Gert Westphal, dazwischen letzte Streichquartette: Beethoven, Schubert, Brahms Opus 118 oder auch 119. Das ist ars moriendi, und Du schaust, rühmte er mit weiter Geste, danach deutlicher aus dem Fenster in die Welt. Herr lehre mich, sang er fast, bedenken, dass ich schon morgen all dies nicht mehr sehen könnte, hören, fühlen, schmecken.

Er habe sich immer schon intensiv mit Sterben und Tod auseinandergesetzt und, seit er sich erinnern könne, täglich vielmals an sein Ende gedacht, wann immer er den Himmel, die Vögel unter den Wolken und Menschen im Biergarten oder in der Bahn und überhaupt gesehen habe. Sein Lieblingsbaum sei die Trauerweide. Da Du älter bist als ich, sagte er, zudem im Rollstuhl sitzt, was Hirn- und Herzschlägen förderlich ist, wirst Du das verstehen.

Es gebe immer und für jeden das letzte Glas, und wenn es nur dieser Hauswein sei, der, wie man jetzt sage, gewöhnungsbedürftig sei. Eben, lachte er, wir haben uns an ihn gewöhnt. Er sei nun wegen seines Alters schon das dritte Mal geimpft; ob ich, drang er in mich, wenigstens meine Antikörper habe prüfen lassen, evventwell, warnte er, wirkt keine Spritze mehr bei Deinen Vorerkrankungen. Nimmst Du nicht sogar Immunsuppressiva? Sterben ja, wurde er laut, Tod auch, aber auf der Intensivstation bewusstlos hin und her gewendet zu werden wie eine Meterbratwurst, damit der Dekubitus sich in Grenzen halte; auf dem Bauch liegend nur noch mit Hilfe von Atempumpen Luft zu bekommen? Unappetitlich sagte er. Mit Ernst und ohne Angst, sagte er, müsse man der Tatsache, dass es einen nicht mehr gebe, sozusagen ins Totenkopfauge sehen. Nie vergessen, sagte er nun so laut, dass die

Gäste im Fellini aufsahen, dass Du nicht einmal im Geschehen der Gegenwart ein Wimpernschlag bist, unbeschreibbares Nichts in den Äonen, sagte er. Denn ein Sterben in nackter Bauchlage, bewusstlos an Schläuche und Vollgesichtsmasken gekettet, die euphemistisch Beatmungsgerät hießen, und dennoch als Rädchen einer medizinischen Apparatemedizin zu ersticken, sei schlicht menschenunwürdig. Weißt Du, fragte er rhetorisch, worauf es in den Pausen zwischen unserer Seniorenagilität ankommt? Es ist das Schauen aus dem Fenster, das Beobachten der Menschen, wie sie in Geschäfte gehen und aus Geschäften mit Taschen behängt herauskommen, es ist das Bestaunen der flinken Vögel – er habe gelesen, dass während der Pandemie manche Eingeschlossene zu Ornithologen geworden seien: Mein Lieber, richte Dich darauf ein, dass Du schon morgen all dies nicht mehr sehen könntest. Unwiederbringlich (ein schöner Fontane) kein Château Pétrus mehr. Zum Glück waren mittlerweile die zwischen den wegen Corona sehr weit gestellten Tischen maskenlos immer und wieder herumsausenden und kreischenden Kinder (Schau, hatte er gefragt: Ist Jugend etwas, das man noch einmal wollte?) verschwunden oder auf den Servietten auf den Schößen ihrer Eltern eingeschlafen. Aber je leerer das Fellini wurde, umso lauter wurden die Canzoni da battello aufgedreht, umso mehr hatte ich Mühe zu verstehen, was er mit Äonen und Wimpernschlag, Spinoza schon, achte auf die Sterne, mich lehren wollte.

Ein Krümel der gerösteten Weißbrotscheibe war ihm in den falschen Hals geraten, worauf er wie erstickend in die ungefaltete Papierserviette zu husten begonnen hatte. Doch hatte sich der Hustenreiz so gesteigert, dass er sich, hatte er noch unter Hustenanfällen hervorpressen können, al momento zu den bagni begeben müsse, wo er, erzählte er erlöst, den Kopf habe ins Becken hängen müssen, um den Tort loszuwerden. Entschuldige, senile Presbyphagie, hatte er gesagt, das Zäpfchen lahmt, der Speichel klumpt, mich wundert, dass Du, obwohl deutlich älter, davon verschont geblieben bist.

Wir saßen noch bedient zwischen abgegessenen Tischen mit fleckigen steifen Tischdecken, als in einer Pause zwischen den Canzoni und dem hurtigen Abräumen der Kellner in weißer Schürze und der dicken Geldtasche am Gesäß, da des Flairs wegen auf elektronische Kassenknüppel noch verzichtet worden war, er mich fragte, ob ich mich an die Lektüre von Heidi Frommanns *Innerlich und außer sich*, Diogenes Verlag 1979, erinnern könne, in dem, was nachhaltig in damals und bis heute einschlägigen Kreisen Maxime sei, stehe: Achte immer darauf, eine frische Unterhose zu tragen, denn schnell kommt der Tod etc., es ist ihm keine Frist gegeben etc. (Schiller).

Der Freund war erschöpft und sagte: Es nützt nur nichts. Hat auch selbst über Tod geschrieben. Schriftsteller! Er griff zum Glas, doch bevor er trank, bemerkte er: Die Stoa, ihre Renaissance sei verdient, jeder sollte den Fußabstreifer vor seiner Tür liegen haben: Bedenke – Carpe diem und so halte er es doch für geboten, anlässlich Deiner Einladung, lächelte er, zu Deinem 75ten in dies nicht ganz angemessene Lokal, sich auszutauschen über die ganze Wahrheit, dass wir uns in der letzten Runde befinden. Du, bedauerte er, in Deiner untrainierbaren Rollstuhlexistenz sowieso; er hoffe hingegen, sich durch lange, immer länger werdende einsame Waldspaziergänge ein wenig länger zu erhalten. Welch Geschenk, rief er fast, dass wir zwei, Du mehr als ich, das Geschenk des weisen Alters haben, während jäh der Tod Mozart, Schubert, Büchner fortgerissen habe.

[...]

Oder möchtest Du, fragte er, dass Angehörige oder Nachbarn oder Bekannte, falls Du sie hast, sich aufschreiend über Deine aus dem Rollstuhl gekippte, sich sehr übel entleert habende, im Todeskrampf epileptisch verkrümmte Leiche mit offenen, starrenden Augen in einem ersten, dann gottlob beherrschbaren Impuls werfen würden. Kaum, befand er und fügte hinzu: Verzeih mir, wenn mir meine Empathie in Deinen Dir drohenden Tod misslungen wäre.

Hermann Kinder: *Der Knibbler*, 2014.

Due espressi, rief er dem Kellner zu, hoffentlich bekämen sie hier wenigstens den Espresso hin. Nun war es genug. Der Espresso hatte meine Blase bedrängt. Ob er mich begleiten könne zum Behinderten-WC, das es in diesem vorbildlichen Fellini gebe. Il conto, rief er, mein Freund erledigt das. – Il conto lag an meinem Platz. Lass uns gehen, sagte mein Freund, den ich seit Schulzeiten kenne, und noch, während er aufstand, sein von italienischen Brotkrümeln bescharlachtes Jackett mit heftigen Handschlägen reinigte, sagte er, den Kopf schon zum Ausgang gereckt. [...] Fast schon im Wegdrehen und Warten auf das Taxi, das ich wegen des Anlasses zu bezahlen zugesichert hatte, sagte er: Lieber alter Freund, wenn Martin Walser auch behaupte, dass es keine Vorbereitung für die Schlussphase geben könne, so müsse man diese dennoch in Würde begehen. Gefasst vor dem Tornado-Auge des Endes. In schlussendlicher Würde, korrekt gekleidet, die verrottenden Leibsteile dezent verdeckt, gut riechend selbstverständlich. Wer will sich schon dem Missblick seines vergammelten Körpers aussetzen, der vermagerten fleckigen Arme, der senilen Biertitten voller Alterswarzen. Will man denn sein eigener kalter forensischer Leichenschänder sein?

Das Taxi ließ auf sich warten. Mein Freund sah ungeduldig auf seine Armbanduhr, [...] wobei unter dem leicht zurückgeschobenen Ärmel von Kortison und Blutverdünnern, nun zu Schwarten verheilte Pflasterhautabrisse sichtbar wurden. Er sagte: Entweder gehen wir jetzt oder wir nehmen noch was. Denn so jung wie jetzt kommen wir nie mehr zusammen.

SANFT ENTSCHLAFEN

TODESSCHRIFTEN, TODESREDEN

Jochen Schimmang

Epikur, seit 306 v. Chr. Besitzer eines großen Grundstücks in Athen mit einem ausgedehnten Garten, belehrte dort seine Anhänger und Schüler – zu denen, untypisch für die damalige Zeit, auch Frauen und Sklaven gehörten – wie folgt: „Der Tod ist für uns ein Nichts; denn was der Auflösung anheimgefallen ist, besitzt keine Empfindung mehr. Was aber keine Empfindung mehr hat, bedeutet für uns nichts mehr." Wohl gesprochen und dabei könnte man es eigentlich belassen.

Die entschiedene Diesseitigkeit des griechischen Philosophen nimmt rund zwanzig Jahrhunderte danach bei einem niederländischen optischen Linsenschleifer mit portugiesisch-sephardischen Wurzeln diese Gestalt an: „Der freie Mensch denkt an nichts weniger als an den Tod; und seine Weisheit ist nicht ein Nachsinnen über den Tod, sondern über das Leben." Ich gestehe, dass allein die Kraft des Blicks seiner Augen auf dem Porträt Baruch de Spinozas in Wolfenbüttel ausreicht, um mich von der Wahrheit dieses Satzes zu überzeugen. (Abb. 1) Es bedarf des anschließenden Beweises nach der *ordine geometrico* nicht mehr, in der es heißt, dass der, der nach der Vernunft lebt, nicht von der Todesfurcht geleitet wird, sondern „das Gute unmittelbar" begehrt und bestrebt ist, „sein Sein zu erhalten, auf der Grundlage, dass er den eigenen Nutzen sucht. Daher denkt er an nichts weniger als den Tod, vielmehr ist seine Weisheit das Nachsinnen über sein Leben. W. z. b. w."

Abb. 1: Portrait von Baruch Spinoza, um 1665, Öl auf Leinwand,
43 x 34,4 cm, Herzog August Bibliothek in Wolfenbüttel.

Heute dagegen ist der Satz „Der Tod gehört zum Leben" ein
beliebter Kassenschlager. Die Kirchen, Hospize, Pflegeheime,
das *Deutsche Ärzteblatt*, die Zeitschrift *Seelsorge* und selbstverständlich Bestattungsinstitute zitieren ihn in vielfältiger Form:
durchaus zu Recht, denn sie haben tagtäglich mit ihm zu tun.
Allerdings nicht mit dem eigenen Tod, sondern mit dem der anderen. Es gibt auch mehrere Bücher gleichen Titels: Dieser Gemein-
platz, ein kollektives Produkt der Trostbranche, unterliegt keinem
Titelschutz.
Im Heft 11/2015 der *Seelsorge* heißt es: „Der Tod gehört zum
Leben. Nur wenn wir ihn als Tatsache akzeptieren, ist es uns

möglich, ein sinnvolles und erfülltes Leben zu führen." Das habe ich nicht verstanden.

Konsequenter und härter war da der Rauner von Todtnauberg mit seinem Sein zum Tode. Das war passgenaue Ideologie, schon bevor der Führer ,die Macht ergriff' und Martin Heidegger sich als sein philosophischer Berater andiente, dessen Rat auf dem vorprogrammierten Marsch in den Untergang allerdings gar nicht gebraucht wurde. Dass das Volk aufs Opfer eingeschworen war / wurde, bedurfte nicht solcher geschraubter Rede wie: „Das Opfer ist die allem Zwang enthobene, weil aus dem Abgrund der Freiheit erstehende Verschwendung des Menschenwesens in der Wahrung der Wahrheit des Seins für das Seiende."

Unversehens landet auch er in der Trostbranche, weil jeder Tod der *jemeinige* ist und es im Tod nur um den je Einzelnen geht. Dass die „Jemeinigkeit" sich wie eine Variante von Gemeinheit im Berliner Argot liest, wie Adorno im *Jargon der Eigentlichkeit* festgestellt hat, ist eben kein Kalauer, sondern trifft ins Schwarze des Heidegger'schen Denkens. Dass der sogenannte massenhafte Heldentod, dass das massenhafte Sterben in Vernichtungs- und Arbeitslagern, dass heute das massenhafte Ertrinken von Migranten im Mittelmeer oder der massenhafte Tod unter Raketenbeschuss ein *jemeiniger* Tod sein soll, ist reiner Zynismus. Ein *jemeiner* Tod dagegen ist es allemal. Oben auf der Hütte, weit weg von der *Uneigentlichkeit* und dem *man*, philosophiert sich's halt gelassen.

Ach ja, Adorno. Manchmal ist es peinlich, auf seine Sätze zurückzugreifen wie auf ein Zitatenschatzkästlein; aber unstreitig hat er Sätze geprägt, deren Wahrheit unumstößlich ist, so auch diesen: „Seit Auschwitz heißt den Tod fürchten, Schlimmeres fürchten als den Tod." Die Selbstmorde von KZ-Überlebenden (von Freitod mag ich hier nicht sprechen) bezeugen das. Mir selbst war das spätestens im Alter von 12 Jahren klar, nachdem ich – pädagogisch verordnet – Erwin Leisers Film *Mein Kampf* (S/BRD 1960) und erstmals Bilder von gestapelten Leichen und noch lebenden Skeletten gesehen hatte.

Alberto Giacometti hat vier Jahrzehnte seines Lebens nicht mehr bei Dunkelheit schlafen können, nachdem er in jungen Jahren Zeuge eines plötzlichen und qualvollen Todes geworden war, ein Ereignis, das ihm alle Illusionen über das Feierliche und das Würdevolle des Sterbens raubte. Er hielt den Tod wohl, wenn nicht für Schlafes Bruder, dann für den Bruder der Dunkelheit. Wenn er schlief, blieb das Licht brennen, auch wenn er selbst das „infantil" nannte, denn die Bedrohung sei „in der Dunkelheit nicht größer als in der Sonne". Fast sein ganzes Leben lang war er besessen von der Drohung des Todes und der fragilen Existenz des Menschen und wunderte sich, dass die meisten Menschen sich aufrecht halten können und nicht einfach umfallen. Daher die Zerbrechlichkeit seiner Figuren, besonders der männlichen, die meist vornübergebeugt gehen.

Montaigne geht ganz raffiniert vor. Er behauptet nicht, der Tod gehöre zum Leben, sondern schreibt: „Philosophieren heißt Sterben lernen." Wie immer bei ihm, geht alles erst einmal schön durcheinander. Das ist schließlich das Prinzip des Essays, des Versuchs, denn nach einer treffenden Formulierung von John Pallatella ist der Essayist „ein spezifischer Intellekt zu einem bestimmten Zeitpunkt, der herauszufinden versucht, was er denkt". Mittendrin heißt es in Montaignes Essay etwa: „Es ist ungewiß, wo der Tod uns erwartet; erwarten wir ihn überall." Wäre man übellaunig, könnte man sagen: Der erste Teil des Satzes ist eine Binsenweisheit. Montaignes Verdienst – und das ist nicht abwertend gemeint – ist es, dass er nicht wenige Binsenweisheiten philosophiefähig gemacht hat. Der zweite Teil des Satzes ist nicht alltagstauglich. Wenn ich in den Supermarkt gehe, will ich dort einkaufen und nichts sonst. Sicher muss ich auch dort wie überall sonst mit dem Tod rechnen (Geiselnahme mit Todesfolge), ebenso, wenn ich in mein Auto steige oder es mir im Zug bequem mache (Eschede). Als Kalkül mit dem Tod rechnen heißt aber nicht, ihn alltäglich zu erwarten.

Montaigne geht aber weiter, und am Ende erwarten uns Sätze, die uns recht bekannt vorkommen:

Der Tod ist daher weniger zu fürchten als nichts (wenn etwas weniger als nichts sein könnte) [...] Er betrifft euch weder als Tote noch als Lebende: als Lebende nicht, weil ihr seid, als Tote nicht, weil ihr nicht mehr seid.

Epikur, ick hör dir trapsen.
Im 20. Jahrhundert hat dann ein großer Dichter, Bertolt Brecht war sein Name, diese spröde Epikur-Montaigne-Spinoza-Logik in einem versöhnlichen, fast hoffnungsfrohen Bild festgehalten:

> Als ich in weißem Krankenzimmer der Charité
> Aufwachte gegen Morgen zu
> Und die Amsel hörte, wußte ich
> Es besser. Schon seit geraumer Zeit
> Hatte ich keine Todesfurcht mehr. Da ja nichts
> Mir je fehlen kann, vorausgesetzt
> Ich selber fehle. Jetzt
> Gelang es mir, mich zu freuen
> Allen Amselgesanges nach mir auch.

Sie, die Amsel ist es, die Epikurs und seiner Nachfolger Logik mit Gesang erfüllt.
Allerdings sind die Lebenden in ihren letzten Tagen oder Stunden sehr wohl auch Sterbende. Dies ist, wie man weiß, der kritische Zeitraum, in dem manche von ihnen in den tröstenden Schoß der Religionen zurückkehren, um sich im letzten Moment noch alle Optionen offenzuhalten. Da die christlichen Kirchen bekanntlich an rapidem Mitgliederschwund leiden, wird diese Rückkehr verlorener Söhne und Töchter dankbar vermerkt.
Wer einen relativ privilegierten Tod im Umkreis seiner Lieben sterben darf, hat meistens Zeit, *letzte Worte* zu prägen, die jedoch oft nicht zweifelsfrei verbürgt sind. Daher rührt der Kalauer, Goethe habe nicht „Mehr Licht" gesagt, sondern „Mehr nicht". Unwahrscheinlich ist das schon deshalb, weil Goethe den Tod nun wirklich nicht leiden konnte und alles mied, was mit ihm

zusammenhing, weshalb er nicht auf Begräbnisse ging, nicht einmal auf das von Schiller.

Churchills letzte Worte sollen „Es ist alles so langweilig" gelautet haben, durchaus plausibel bei einem Krieger und Politiker, der seit zehn Jahren in den Ruhestand gezwungen war, eine Existenzform, die seinem Wesen diametral widersprach.

Unübertroffen ist das letzte und einzige Wort des Bürgers Charles Foster Kane, Pressemagnat, dargestellt von Orson Welles: „Rosebud". Wer ein Rätsel hinterlässt, sichert sein Nachleben. Um hinter dieses Rätsel zu kommen, braucht es einen ganzen Film (nach dem Urteil der Fachwelt über Jahrzehnte als der beste aller Zeiten gelistet).

Und dann Wittgenstein! Nach glaubhaftem Zeugnis von Joan Bevan, der Frau des Arztes, bei dem Wittgenstein im Endstadium seines Krebses Quartier bezogen hatte, hießen dessen letzte Worte: „Tell them I've had a wonderful life"; „them" meinte die Freunde und letztlich die Nachwelt. Dass er ein sehr schönes Leben gehabt habe, war natürlich eine Lüge. Eine Höflichkeitslüge: welche Höflichkeit gegenüber dem Leben, das er nun verlassen musste! Dass es ihm in vielen Phasen nicht gelungen war, machte er nicht dem Leben zum Vorwurf, nicht seinen Freunden und nicht der Welt, in der er gelebt hatte: wahre Noblesse.

Bazon Brock hat seine letzten Worte schon in den Golden Sixties gesprochen und wurde am 2. Juni 2023 87 Jahre alt. Seine Utopie, nicht einlösbar, muss gleichwohl aufrechterhalten werden: (Abb. 2)

Schwerer noch, als vom Tod zu sprechen, ist es, von den Toten zu sprechen. Gemeint ist hier die Kunst des Nachrufs, die fast immer zum Scheitern verurteilt ist. Am leichtesten haben es Firmen, deren längst ausgeschiedener Vorstandsvorsitzender nach seinem Tod zu würdigen ist. Die Bausteine des Nachrufs zählen dessen Verdienste ums Unternehmen auf und loben dann, dass alle Mitarbeiter von seinem großen Wissen, seinem fachlichen Rat und seiner menschlichen Wärme profitiert haben. Oder ähnlich. Ehrendes Andenken versteht sich von selbst. Die Angehörigen

Abb. 2: Bazon Brock: *Literaturblech „Der Tod muß abgeschafft werden…"*, Theoretisches Objekt, 1967.

desselben Verstorbenen haben es ebenfalls nicht so schwer, weil sie in der Regel unserem „geliebten Großvater", „Vater", „meinem geliebten Mann" etc. nachtrauern, der im günstigsten Fall „nach einem erfüllten Leben friedlich eingeschlafen" oder aber „nach kurzer schwerer Krankheit von uns gegangen" ist.

Aber auch diejenigen, die unter Umständen durch den Unfalltod oder zu frühen oder den zu frühen oder völlig überraschenden Tod eines Kollegen oder Freundes wirklich tief getroffen sind, müssen die richtigen Worte finden, wollen falsches Pathos vermeiden und kommen doch über „Tschüss Manni – wir vermissen dich" nicht hinaus.

Die einzig unbefleckte Traueranzeige läse sich so (Achtung: Namen und Daten im Bedarfsfall ändern!):

SAMUEL BECKETT

13. April 1906 – 22. Dezember 1989

Das Dilemma liegt darin, dass Trauer nicht, um den hässlichen Ausdruck zu gebrauchen, *zu versprachlichen* ist, weil Trauer ein Prozess ist, der jenseits der Sprache liegt, im günstigsten Fall an deren äußerster Grenze. Roland Barthes hat in seiner Vorlesung *Das Neutrum* am Collège de France (1978) darauf hingewiesen, dass die Sprache der Trauer zwangsläufig in die Banalität mündet. Er wusste damals, wovon er sprach, denn im Herbst davor war seine Mutter gestorben, mit der er sein ganzes Leben lang zusammengelebt hatte. Sein Wissen hat ihn nicht daran gehindert, schon am folgenden Tag ein *Tagebuch der Trauer* zu beginnen, das aber erst 2009 aus dem Nachlass veröffentlicht wurde. Das Buch über den Tod, das er noch zu seinen Lebzeiten schrieb, heißt *Die helle Kammer* und tarnte sich als ein Buch über die Fotografie.

Kann auch die Trauer selbst nur unvollkommen sprechen, so kann man doch vollkommen von ihr erzählen, wie Heinrich von Kleist in dieser kurzen Anekdote:

> Bach, als seine Frau starb, sollte zum Begräbnis Anstalten machen. Der arme Mann war aber gewohnt, alles durch seine Frau besorgen zu lassen; dergestalt, daß da ein alter Bedienter kam, und ihm für Trauerflor, den er einkaufen wollte, Geld abforderte, er unter stillen Tränen, den Kopf auf einen Tisch gestützt, antwortete: „sagt's meiner Frau."

Und das eigene Ende? Ich wünsche mir einen Tod mit dem Markenzeichen *sanft entschlafen*, entweder in Gesellschaft oder auch allein. Vermutlich wünscht sich eine signifikante Mehrheit der Menschen, die heute die Erde bewohnen, einen solchen Tod. Das ist also nicht besonders originell. Aber ich wollte nie besonders originell sein – warum also gerade im Sterben?

***

Was man wissen muss: Der Anfang dieses Textes wurde noch vor dem Überfall Russlands auf die Ukraine geschrieben, alles andere schon im Krieg.

MEMENTO OCCIDI

DER TWITTER-ACCOUNT „AUSCHWITZ MEMORIAL"

Wolfgang Ullrich

Sich eine gute Twitter-Timeline zusammenzustellen, ist eine digitale Kulturtechnik. Man kuratiert damit die eigenen Bedürfnisse nach Information, Debatte, Humor und Poesie und erst recht das Bedürfnis nach Abwechslung. Etliche Accounts leben sogar davon, dass das, was von ihnen gepostet wird, erst im Kontrast zu anderem auf einer Timeline spezifische Bedeutung entfaltet. Sie fallen im unaufhörlichen Strom von Tweets auf, zumal wenn ihre Beiträge halbwegs regelmäßig gepostet werden und auf den ersten Blick klar zuzuordnen sind. Jede Stunde ein Ausschnitt aus einem Gemälde von Hieronymus Bosch oder jeden Tag eine lakonisch-ironische Beobachtung aus dem Büroalltag – das sind Inhalte, die sich kaum erschöpfen und die wieder und wieder für einen Moment der Überraschung sorgen, es also erlauben, kurz Luft zu holen.

Auf den Timelines von 1,3 Millionen Twitter-Usern (Stand März 2022) erscheinen mehrmals am Tag die Tweets des Accounts „Auschwitz Memorial", der von der Gedenkstätte und dem Museum der NS-Konzentrations- und Vernichtungslager Auschwitz-Birkenau betrieben wird. Meist sind die Tweets von historischem Bildmaterial begleitet, enthalten also etwa die drei Fotos, die von den Häftlingen, die man nicht sofort in die Gaskammer schickte, bei Ankunft im Konzentrationslager gemacht wurden: eine Profilaufnahme und eine Frontalaufnahme des nackten Kopfes, schließlich eine Halbprofilansicht, welche die Person mit einer Kopfbedeckung zeigt. Die Fotos werden von knappen Informationen in englischer Sprache begleitet: dem Namen, dem Herkunftsort und, sofern es sich um eine erwachsene Person handelt, einer Angabe zum Beruf; es wird vermerkt, wann sie nach Auschwitz gekommen ist, wann sie dort gestorben ist oder das Lager verlassen hat. Anlass für den jeweiligen Tweet ist aber der Geburtstag der betreffenden Person. Nicht an das Ende, sondern an den Beginn des Lebens soll erinnert werden, der soll gefeiert werden – was den gewaltsamen Tod, den die meisten im Lager erlitten haben, gerade nicht verharmlost, sondern im Gegenteil umso deutlicher bewusstmacht, was die Nazis alles ausgelöscht, wie viel Leben, wie viele Hoffnungen und Pläne und Begabungen sie vernichtet haben.

Fast immer fängt man zu rechnen an: Wie alt wurde die Person, in welchem Alter kam sie nach Auschwitz, wie alt wäre sie heute? Man denkt an Gleichaltrige, überlegt, was man selbst in dem Alter machte, in dem die Person inhaftiert oder ermordet wurde. Und man betrachtet die Aufnahmen, sucht nach Spuren der Qualen und der Angst, die die Fotografierten zu ertragen hatten, achtet darauf, ob man den Beruf an irgendetwas ablesen könnte, überlegt sich, wie die Person unter anderen Umständen – ohne Häftlingskleidung, nicht kahlgeschoren – ausgesehen haben dürfte. Vielleicht widmet man dem Tweet nur wenige Sekunden, vielleicht auch eine ganze Minute. Manchmal enthält er zudem einen Link zu einem Artikel oder zu einer Website, und wenn man darauf klickt, erfährt man noch mehr über einen Aspekt des Lagerlebens, eine bestimmte Gruppe von Inhaftierten oder die betreffende Person.

Einige begnügen sich aber nicht damit, zu lesen, zu schauen, nachzudenken; sie wollen, entsprechend den Strukturen der Sozialen Medien, aktiv auf das Gepostete reagieren. Hunderte, manchmal auch mehr als tausend Follower retweeten die Tweets von „Auschwitz Memorial" und sorgen so dafür, dass sie auch auf Timelines von Usern landen, die dem Account der Gedenkstätte nicht folgen. Oder sie liken einen Tweet. Anders als sonst ist das ‚Like‘ dann allerdings weniger an diejenigen adressiert, die den Account betreiben, als vielmehr an die Person, an die mit dem Tweet erinnert wird. Es ist ein Zeichen, dass man sie wahrgenommen, ja für einen Moment innegehalten hat im eigenen Alltag, im Strom der Tweets, um zu versuchen, die unendliche Grausamkeit zu erfassen, für die ‚Auschwitz‘ steht, oder um zumindest das *memento mori* ernst zu nehmen und in Reaktion auf den Tweet Gedanken an den – eigenen – Tod zuzulassen.

Es mag unangemessen, gar frivol erscheinen, mit demselben Klick auf ein Herzchen, mit dem man direkt davor vielleicht noch ein Meme oder eine tagespolitische Äußerung gutgeheißen hat, auf die auf Entwürdigung und Vernichtung angelegte Behandlung eines Menschen zu reagieren; aber dadurch führt dessen Schicksal (und Tod) immerhin auch Jahrzehnte später noch zu einer kleinen Geste aus Affekt. Da es bei Twitter keine Alternative zum Liken via Herzchen gibt, wird dieses zum Symbol ganz verschiedener Gefühle; darauf zu klicken, heißt, je nach eigener Tagesform, seiner Trauer, seiner Wut, seiner Scham, seinem Entsetzen oder seinem Mitgefühl Ausdruck zu verleihen. Zugleich ist man mit dem Klicken nicht allein; vielmehr steigt die Zahl der ‚Likes‘ sekundenschnell; meist liken innerhalb weniger Stunden etliche tausend einen Tweet, mit denen man sich dann – noch so vage – verbunden fühlt. Man kann spekulieren, warum manche Opfer ein paar tausend mehr bekommen als andere; es mag an der Uhrzeit oder am Wochentag der Veröffentlichung des Tweets liegen, und eine genaue Auswertung gelangte vielleicht zu dem Ergebnis, dass Fotos von Kindern, die im KZ ermordet wurden, besonders oft geliked werden. (Mehr ‚Likes‘ gibt es übrigens meist auch für Tweets, in denen davon berichtet wird, dass die betreffende Person das KZ überlebt hat oder gar zu fliehen vermochte – so als verdiene es eine eigene Belohnung, das Böse überstanden zu haben.)

Doch manchen ist dabei unwohl, ihre Gefühle mit einem standardisierten Herzchen zu bekunden. Sie kommentieren den Tweet daher lieber, suchen nach einer Formulierung, um anderen mitzuteilen, was sie empfinden. Oder sie wiederholen auch nur den Namen der Person, an die erinnert wird, tippen die Zahl ihrer Lebensjahre, verwenden Emojis, die ihre Traurigkeit signalisieren, posten das GIF einer brennenden Kerze oder begründen, warum sie einen Tweet von „Auschwitz Memorial" nicht liken können. So finden sich unter jedem Tweet diverse Rituale und feinfühlige Reaktionen, und würde man zusammenzählen, wie viel Zeit die Twitter-Community mit den Postings von „Auschwitz Memorial" verbringt, läge wohl der Schluss nahe, dass kein Mahnmal und keine Gedenkstätte das Bewusstsein so vieler Menschen so stark zu prägen, sie so zahlreich zu kleinen Modifikationen in ihrem Alltag zu veranlassen, so oft an den Tod zu erinnern vermag wie dieser Account.

Für mich ist der Account „Auschwitz Memorial" das eigentliche Holocaust-Denkmal. Hier erfüllt sich, wonach einige Künstler*innen in den 1990er Jahren in ihren Entwürfen für das Denkmal für die ermordeten Juden Europas – durchaus unterschiedlich – gesucht haben. Sie wollten, dass dieses Denkmal möglichst im Alltag der Menschen verankert ist und darauf Einfluss nimmt. Für viel Aufsehen sorgte 1997 etwa der Vorschlag von Rudolf Herz und Reinhard Matz, die Autobahn A7 bei Kassel auf der Länge von einem Kilometer mit Kopfsteinpflaster und einem Tempolimit von 30 km/h zu versehen. Diese Spielart von Verkehrsberuhigung sollte Zeit zum Gedenken geben, aber auch ein symbolisches Opfer – und eine Provokation für alle Verfechter freier Fahrt – darstellen. Statt in einem materiellen Objekt (in Berlin) sollte das Denkmal also darin bestehen, dass möglichst viele Menschen zu einer temporären Veränderung ihres Verhaltens gebracht und so zu mehr Bewusstsein für Unmenschlichkeit erzogen werden.

Aus heutiger Sicht, mit Kenntnis des Twitter-Accounts „Auschwitz Memorial", erscheint ein Vorschlag wie der von Herz und Matz zwar als wegweisend; zugleich aber wird bewusst, dass erst der digitale öffentliche Raum die Voraussetzungen für solche

Verhaltensänderungen liefert. Den analogen physischen Raum dafür in Anspruch nehmen zu wollen, war hingegen zu idealistisch und im konkreten Fall auch nicht sehr durchdacht. Konnte man denn ernsthaft annehmen, dass die Leute in den Autos sich den Holocaust vergegenwärtigen, während sie in stauähnlichen Verhältnissen in ihrer Fahrt gebremst werden? Würden die meisten nicht viel eher fluchen, genervt sein, sich in ihren Ressentiments gegenüber moderner Kunst bestätigt fühlen? Und selbst wenn sie gutwillig wären, müsste ihr Gedenken mitten auf der Autobahn ziemlich abstrakt bleiben, hätte es doch keinen konkreten Stoff als Bezugspunkt.

Dagegen stockt die Scroll-Bewegung auf Twitter heute, weil ein Tweet des „Auschwitz Memorial" innehalten lässt. Plötzlich wird man angeblickt von einem Menschen, der gerade deportiert wurde, der also alles verloren hat und von dem die mutmaßlich letzten Fotos seines Lebens angefertigt werden. Blickte dieser Mensch in die Kamera seiner Peiniger und Mörder, so wird man nun, Jahrzehnte später, als Twitter-User selbst in deren Position versetzt und kommt allein deshalb nicht umhin, über das nachzudenken, was man sieht und ergänzend liest. Hätte man damals vielleicht auch auf der Täterseite gestanden? Was hätte dies möglicherweise verhindert? Oder aber hätte man befürchten müssen, seinerseits verschleppt, entrechtet, getötet zu werden?

Über solchen Fragen wird das meiste dessen, was davor oder danach in der Timeline auftaucht, ziemlich belanglos. Selbst noch so aggressive Tweets, Teil eines Shitstorms oder Reaktionen auf andere aggressive Tweets, verlieren auf einmal ihre Macht. Damit aber bereitet ein Tweet des „Auschwitz Memorial" nicht nur Traurigkeit und Entsetzen, sondern wirkt auch reinigend. Wer sich nach kurzer Pause wieder in den Strom der Tweets einfindet, wird diese mit mehr Distanz wahrnehmen, sich nicht bei allem und jedem emotional engagieren. Früher oder später ist man dann zwar doch erneut im Bann der Timeline, aber nach ein paar Stunden kommt zuverlässig auch wieder ein Tweet des „Auschwitz Memorial".

Seit ich diesem Account folge, gelingt mir erstmals in meinem Leben – so mein Eindruck – ein halbwegs angemessenes, halbwegs ehrliches Gedenken an den Holocaust. Auch nach zwei, drei Jahren hat sich an der Intensität, mit der die Tweets auf mich wirken, nichts geändert. Gewiss bin ich manchmal stärker davon getroffen und gehe manchmal schneller über sie hinweg; aber ohne zumindest einen Moment des Stockens, Zauderns, Trauerns kann ich nicht zu meiner Timeline zurückkehren. Und es ist ja nicht nur irgendein *memento mori*, das der Account „Auschwitz Memorial" bereitet. Statt sich einfach nur die Sterblichkeit des Menschen zu vergegenwärtigen, lernt man hier vielmehr, damit zu rechnen, dass jeder – und damit auch der eigene – Tod sehr wohl eine Angelegenheit ganz ohne Würde sein kann. Er kann gewaltsam und brutal sein, ungerecht, hässlich.

Seit Beginn des Ukraine-Kriegs tauchen in der Twitter-Timeline auch immer wieder Tweets mit Bildern von Menschen auf, die einer Rakete oder Bombe zum Opfer gefallen sind – oft junge, fröhliche Menschen, die ihr Leben vermeintlich noch vor sich hatten. Diesmal sind die Fotos in Farbe, die Menschen tragen ganz ähnliche Kleidung wie man selbst. Es ist, als sei der böse Tod, den die Tweets des „Auschwitz Memorial" zum Thema haben, noch näher gerückt. Damit aber werden auch diese noch bedrängender, noch eindringlicher. Man kann sich nicht mehr schützen mit der Vorstellung, es sei ja ferne Vergangenheit, was sie zeigen. Nein, Unmenschlichkeit ist immer und überall möglich. Das allgemeine *memento mori* weicht also erst recht einem bedrohlicheren *memento occidi* – dem Bewusstsein, nicht nur sterblich zu sein, sondern ermordet werden zu können.

Postscriptum am 9. November 2023: Seit ich im März 2022 über den Account „Auschwitz Memorial" geschrieben habe, ist viel passiert. Twitter heißt nun X und gehört Elon Musk, der sich in seinen eigenen Tweets immer wieder in einer Art und Weise zu Wort oder zu Bild meldet, die zumindest als antisemitisch interpretiert werden kann, wenn sie nicht sogar offen und eindeutig antisemitisch ist. Zuvor gesperrte rechtsextreme Accounts hat Musk wieder freigeschaltet; von dem aggressiven Klima auf der Plattform abgeschreckt, verstummen dort zugleich immer mehr liberale und linke Stimmen. Unter den Tweets des „Auschwitz Memorial" finden sich vermehrt Hasskommentare: Verhöhnungen der Opfer, Bagatellisierungen oder Leugnungen des Holocaust. Die Betreiber des Accounts wandten sich bereits mit der Bitte an Musk, entsprechende Kommentare zu löschen und diejenigen zu sperren, die sie verfassen. Aber gemäß seinem Verständnis von ‚freier Rede' lehnt Musk eine Moderation ab. Das gilt selbst noch nach dem 7. Oktober 2023 und den Massakern, die Hamas-Terroristen in Israel angerichtet haben – und die online weltweit viel Beifall gefunden, die Zahl an Hass-Postings gegen alle Einrichtungen, die mit Juden assoziiert sind, also nochmals vermehrt haben. Für „Auschwitz Memorial" stellt sich somit die Frage, wie lange man den Opfern und dem eigenen Anliegen diesen feindlich gewordenen Ort noch zumuten kann. Die Erinnerungsarbeit mag wichtiger und dringlicher denn je sein, zugleich provoziert die Erinnerung an Verbrechen offenbar neue Aggression, vielleicht sogar die Bereitschaft zu neuen Verbrechen. Das *memento occidi* ist also noch einmal präsenter geworden, und auf X bekommt man nicht zuletzt Angst vor dem Tag X, an dem das Morden ‚in großem Stil' auch hier in Deutschland wieder angekommen sein wird.

LUFTDICHT VERSCHLOSSEN:
BRECHTS STAHLSARG

MIT BERICHTEN VON ZWEI ZEITZEUGEN

Erdmut Wizisla

Begräbnis des Hetzers im Zinksarg heißt ein Gedicht Bertolt Brechts aus dem Jahr 1933, das so beginnt:

> Hier, in diesem Zink
> Liegt ein toter Mensch
> Oder seine Beine und sein Kopf
> Oder noch weniger von ihm
> Oder nichts, denn er war
> Ein Hetzer.

Ob Brecht diese Zeilen im Kopf hatte, als er wenige Monate nach dem 17. Juni 1953 Verfügungen für den Fall seines Todes aufschrieb? Sie finden sich in einem Umschlag mit der Aufschrift „Nach meinem Tode zu öffnen / Helli", das ist seine Frau Helene Weigel, und lauten:

> Ich bitte Helli, folgendes zu veranlassen:
> 1) daß der Tod sichergestellt wird,
> 2) daß der Sarg aus Stahl oder Eisen ist,
> 3) daß der Sarg nicht offen ausgestellt wird,
> 4) daß er, wenn er ausgestellt werden soll, im Probenhaus ausgestellt wird,

5) daß weder am Sarg noch am Grab gesprochen, höchstens das Gedicht „An die Nachgeborenen" verlesen wird,
6) daß die Totenwache, wenn eine solche gewünscht wird, nur von Schauspielern gehalten wird,
7) daß keine Musik gespielt wird,
8) daß das Grab im Garten in Buckow oder im Friedhof neben meiner Wohnung in der Chausseestraße liegt und nur den Namen Brecht auf einem Stein hat.

Danke, Helli!
brecht

November 1953
Berlin

Die Geschichte von einem Sarg aus Metall ist vielfach kolportiert worden. Literarisch eindrucksvoll in Heiner Müllers Stück *Germania 3*. Im Bild „Massnahme 1956" tritt der Bildhauer Fritz Cremer auf „mit dem Probeguss für Brechts Stahlsarg", den zwei Arbeiter vom Stahlwerk Hennigsdorf tragen:

Ich bitte um Entschuldigung. Särge sind nicht gerade mein Spezialgebiet, ich bin Bildhauer, und das ist mein erster Sarg. Ich habe vergessen, masszunehmen. Das ist ein Probeguss. Ich muss wissen, ob die Grösse stimmt.

Die Weigel fordert einen der Arbeiter auf, sich zur Probe in den Sarg zu legen. „Sie haben die Statur." Als der Arbeiter im Sarg ist, lässt Müller ihn sagen:

Es liegt sich gut in deinem Stahlsarg, Dichter.
Wovor versteckst du dich. Angst vor den Würmern.
Mach dir nichts draus. Wenigstens lügen sie nicht.
Sie machen ihre Arbeit so wie wir.
Und vielleicht hast du dich zu lieb gehabt
Und deine Arbeit. Ich arbeite für Geld.
Mein Spass heisst Feierabend, Bier und Weiber.

Jetzt heisst's vergessen, was du ihnen wert warst
Dem oder jenem, Dichter. Der Tod zahlt bar.

Die Legende hat ihren wahren Kern, der bislang allerdings nicht offengelegt wurde. Dabei gibt es im Bertolt-Brecht-Archiv die Erinnerungen von Brechts Mitarbeiterin Käthe Rülicke, die bereits 1958 Hans Bunge, dem ersten Archivar Brechts, von dem Stahlsarg erzählt hat. Brecht habe „sich verhältnismäßig viel mit seinem Tod beschäftigt, auffallend viel", sagte sie. Käthe Rülicke fand es „sehr merkwürdig, daß Brecht in einem Stahlsarg beerdigt werden wollte", und sie berichtete, wie der Wunsch umgesetzt wurde:

> Helli versuchte das rasch zu organisieren, fand einen Berliner Betrieb, der das machte, und die Arbeiter haben in Nachtschicht diesen Sarg gemacht, was ungeheuer rührend war. Sie brachten dann morgens um fünf diesen Sarg, und zwar ausgeschlagen mit weißer Seide – sie fanden, daß man doch unbedingt Brecht einen Sarg mit Seide geben müsse.

Außerdem existieren Berichte von zwei Männern, die bezeugen können, dass ein Metallsarg hergestellt wurde und wie das geschah. Einer heißt Dietrich Flügge. Er absolvierte 1956 ein studentisches Praktikum im Transformatorenwerk Oberschöneweide (TRO), dem Betrieb, der den Sarg gebaut hat; sein Bericht entstand 2013. Der andere, Kurt Friedrich, gehörte zum Team der Ingenieure des TRO. Er war, als er Anfang 1979 die Brecht-Weigel-Gedenkstätte in der Chausseestraße besuchte, ein zurückhaltender, freundlicher älterer Mann, Typ Ingenieur. Ich arbeitete seit einem Vierteljahr als museologische Hilfskraft und führte täglich Menschen durch die Wohnungen von Brecht und Weigel. Während einer der Führungen, wir standen im Bücherzimmer, sagte Herr Friedrich, dass er und einige Kollegen in einer Nachtaktion einen Stahlsarg für den gerade gestorbenen Dichter gebaut hätten. Ich bat ihn, uns das genauer zu erzählen. Von dem

Gespräch unmittelbar nach der Führung oder bei einem späteren Termin habe ich, wie wir alle es von Brecht und seinen Archivaren, allen voran Hans Bunge und Gerhard Seidel, gelernt hatten, ein Notat angefertigt, das ich mit dem Begriff „Notizen" überschrieb. Es war mein erstes. Vom Tod wusste ich, der Zwanzigjährige, nichts. Auch nicht, wie nahe uns diese Toten eigentlich waren: Brecht war vor 23 Jahren gestorben. Für mich war das Literaturgeschichte – wie Hölderlin oder Kafka. Noch näher die Weigel, deren Tod keine acht Jahre zurücklag.

Die Berichte werden im Folgenden zum ersten Mal publiziert. An wenigen Punkten scheinen sie einander zu widersprechen; freilich halten die Differenzen sich in Grenzen. Auf die Frage, ob es die Regierung der DDR war, die den Auftrag zum Bau des Sarges erteilt hatte, oder das Berliner Ensemble, schreibt Dietrich Flügge am 7. Februar 2022:

> Das Transformatorenwerk TRO war ein sehr großer Industriebetrieb mit weit über 2.000 Mitarbeitern. Der Werkdirektor war zwar innerbetrieblich ein uneingeschränkter Entscheider, aber er hätte bei der straffen zentralen Planungswirtschaft der DDR mit Sicherheit keinen Auftrag von „4 Theaterherren in noch so schwarzen Anzügen" annehmen dürfen ohne Anweisung oder Genehmigung der übergeordneten staatlichen Leitung.

Wurde, wie Friedrich sich erinnerte, ein Holzsarg in den Stahlsarg gelegt oder der Stahlsarg in einen Holzsarg, wie Flügge es notiert hatte? Dazu sagte Herr Flügge, nachdem er den Bericht von Kurt Friedrich gelesen hatte:

> Für die Konstruktionszeichnungen galt die Vorgabe, dass der Stahlsarg nicht zu groß und nicht zu schwer sein sollte. Herr Friedrich berichtet über den von ihm schon geschweißten Stahlsarg nach Vergleichen der Maße, „daß es unmöglich war, den Holzsarg in den Stahlsarg zu legen." Also ist wohl sicher, dass der Stahlsarg innen lag und außen nur der Holzsarg sichtbar war.

Fotos des Sargs scheinen nicht überliefert zu sein.

Schließlich kommentiert Dietrich Flügge, dem an dieser Stelle herzlich gedankt sei, Details zur Fertigung:

> Was die Fragen „verzinkt, verlötet, verschweißt, lackiert und Verschließen des Deckels" betrifft, kann ich die Angaben in meinem Bericht auf Grund der Ausführungen von Herrn Friedrich und nach heutiger Beratung mit einem Transformator-Spezialisten etwas korrigieren und präzisieren. Die Gehäuse (die Kästen) von Großtransformatoren werden allgemein aus nichtverzinktem Stahlblech zusammengeschweißt und erhalten dann eine ölfeste Lackierung. Der Deckel wird auch grundsätzlich nicht dicht verlötet, sondern mit einer Dichtung luftdicht auf den Kasten geschraubt, damit der Deckel bei einer späteren Traforeparatur einfach abgeschraubt werden kann.
>
> Der Sarg für Brecht bestand also aus lackiertem Stahlblech mit einem luftdicht aufgeschraubten Deckel.

Brechts Witwe Helene Weigel hat nahezu alles befolgt, worum Brecht sie gebeten hatte. Käthe Rülicke berichtete Bunge, dass Brecht Angst davor hatte, „scheintot begraben zu werden, und er wünschte, daß man die Herzschlagader öffnet". Die Sicherstellung des Todes übernahm der Pathologe Carl Wilhelm Büsing, Oberarzt am Pathologischen Institut des Städtischen Krankenhauses Moabit. Einer an Helene Weigel adressierten Rechnung vom 18. August 1956 zufolge öffnete Büsing am 16. August die linke Oberschenkelarterie an Brechts Leichnam. Danach wurde der Sarg geschlossen.

Er bestand, wie Dietrich Flügge und Kurt Friedrich berichtet haben, aus Stahl. Warum? Nach dem Bericht von Käthe Rülicke, „weil der Holzsarg verfault und zerfällt. Ich weiß nicht, was das für Vorstellungen waren – merkwürdige Augsburger Überbleibsel, finde ich, wie der Brecht ja überhaupt so ganz merkwürdige Augsburger Sachen noch hatte". Der Sarg wurde nicht offen ausgestellt, und es gab keine Totenwache. Zur Beerdigung im engsten

Familien- und Freundeskreis – es waren etwa zwanzig Personen anwesend – trugen Brechts Schüler den gewiss irrsinnig schweren Sarg, der bis dahin in der Garage seines Wohnhauses untergebracht war: Benno Besson, Peter Palitzsch, Manfred Wekwerth und drei andere. Zum Glück war es nicht heiß, leichter Regen fiel. Am Grab wurde weder gesprochen noch Musik gespielt. Erst nach dem Begräbnis, das kurz nach 9 Uhr am 17. August bereits erfolgt war, durften andere Menschen an das frische Grab treten. Sie kamen in Scharen. (Abb. 1)

Gegen eine Beisetzung im Garten in Buckow sprach das Bestattungsrecht. Aber die Alternative war möglich, und so liegt Brecht auf dem Dorotheenstädtischen Friedhof. Den Stein, einen Findling, soll er sich selbst ausgesucht haben. Darauf steht nicht nur der Familienname, wie es der Brief vom November 1953 erbeten hatte, sondern der volle Name „Bertolt Brecht". Glücklicherweise kam niemand auf die Idee, die Inschrift des berühmt-berüchtigten Gedichts, das wohl vor dem Exil entstanden ist, auf den Stein zu setzen: „Er hat Vorschläge gemacht. Wir haben sie angenommen." Darauf spielt Müller am Ende seiner Szene „Massnahme 1956" an:

Aber von mir werden sie sagen Er
Hat Vorschläge gemacht Wir haben sie
Nicht angenommen. Warum sollten wir
Und das soll stehn auf meinem Grabstein und
Die Vögel sollen drauf scheissen und
Das Gras soll wachsen über meinen Namen
Der auf dem Grabstein steht Vergessen sein
Will ich von allen eine Spur im Sand.

Liegt auf dem Dorotheenstädtischen Friedhof ein Hetzer? Ja, wenn man die Zeilen aus dem Gedicht von 1933 – diesem auch für Brechts Biografie entscheidenden Jahr – beim Worte nimmt:

Abb. 1: Foto vom Grab Bertolt Brechts am Tag der Beerdigung, 17.08.1956.

Das da in dem Zink
Hat euch zu vielerlei verhetzt:
Zum Sattessen
Und zum Trockenwohnen
Und zum Diekinderfüttern
Und zum Aufdempfennigbestehen
Und zur Solidarität mit allen
Unterdrückten euresgleichen und
Zum Denken.

Dokument I

Notizen zum Gespräch mit Kurt Friedrich am 27.02.1979

Herr Friedrich war bis 1957 im Transformatorenwerk „Karl Lieb-
knecht" in Schöneweide als Schweißfachingenieur angestellt. Er
war Abteilungsleiter des Bereichs Schweißtechnik. Im August
1956 beauftragte man ihn, den Stahlsarg für Bertolt Brecht
herzustellen.

F. schilderte im Gespräch den Hergang folgendermaßen: Er
wurde an einem Morgen um 7 Uhr zum Werkleiter bestellt. Vier
Herren im schwarzen Anzug vom Berliner Ensemble teilten ihm
mit, daß Bertolt Brecht gestorben sei und den Wunsch geäußert
hätte, in einem Stahlsarg beigesetzt zu werden. F. erhielt den Auftrag, alles Erforderliche in die Wege zu leiten, um bis zum nächsten Morgen um 2 Uhr einen Sarg fertigstellen zu können.

Gegen 24 Uhr erhielt F. einen Anruf von Frau Weigel. Sie fragte
ihn, ob es möglich sei, den Holzsarg, in dem Brecht liege, in den
Stahlsarg hineinzulegen. Da der Stahlsarg aber bereits im Roh-
bau vorlag, bezweifelte F. dies. Auf die Frage der Weigel, ob man
nicht eventuell die Füße des Holzsarges absägen könnte, ließ sich
F. die Maße des Holzsargs geben. Beim Vergleich der Maße des
Holzsarges mit denen des Stahlsarges stellte sich heraus, daß es
unmöglich war, den Holzsarg in den Stahlsarg zu legen. Gegen
3 Uhr morgens wurde der Stahlsarg von einem Wagen des Beer-
digungsinstitutes abgeholt.

Nach F.'s Beschreibung handelt es sich bei dem Sarg um ein
Modell aus zugeschnittenen und verschweißten Blechplatten
von etwa 3,5 mm Stärke. Der Stahlsarg hat die Form und die
Abmessungen eines gewöhnlichen Holzsarges. Er war innen und
außen mit dem Sandstrahl veredelt und außerdem mit Schellack
besprüht worden. Mit Hilfe einer Gummidichtung und kadmier-
ten Exzenterverschlüssen, die außerdem noch verschraubt werden
konnten, sei es möglich gewesen, den Sarg luftdicht zu verschlie-
ßen. An jeder Seite des Sarges befanden sich drei Griffe.

F. konnte sich nicht an Einzelheiten erinnern, war sich aber sicher, im Wesentlichen genaue Angaben gemacht zu haben.

<u>Anschrift</u>:
Kurt Friedrich
[...]
Berlin, den 28. Februar 1979   (Erdmut Wizisla)[1]

Dokument II

Dr.-Ing. Dietrich Flügge
[...]

Berlin, am 28. Januar 2013

Ein luftdichter Metallsarg für Bertolt Brecht

Weil es meine Enkeltochter Eva Kosmata interessiert, schreibe ich jetzt, 57 Jahre nach dem Ereignis, nach meinem Gedächtnis und unter Verwendung weniger alter Studien-Unterlagen den folgenden Bericht.

Ich habe von 1953 bis 1958 an der Technischen Universität Ilmenau „Elektrotechnik" studiert. Zusätzlich zum Studium an der Universität mussten alle Ingenieurstudenten in den Sommerferien mindestens fünf jeweils sechswöchige Praktika in ausbildungsrelevanten Produktionsbetrieben absolvieren.

Im Juli/August 1956 war ich im Praktikum in der Konstruktionsabteilung folgenden Betriebes

Transformatorenwerk Oberschöneweide (TRO)
Wilhelminenhofstraße
Berlin-Oberschöneweide

Dieser traditionsreiche Industriebetrieb produzierte große Transformatoren für die Energieversorgung; solche Transformatoren sind groß wie ein kleines Haus; sie wiegen je nach Typ etwa 50.000 bis 200.000 kg (50 bis 200 Tonnen) und erhalten immer

---

1 Akademie der Künste, Berlin, Bertolt-Brecht-Archiv 4080/1.

ein absolut luft- und wasserdichtes Gehäuse, weil schon ganz wenig Feuchtigkeit im Inneren zum Kurzschluss und damit zur Zerstörung des teuren Transformators führen würde.

Am frühen Morgen des 15. August 1956, mitten in meinem Praktikum, kam der Abteilungsleiter der Konstruktion, Herr Ingenieur Zürich, mit folgendem, dringenden und sehr ungewöhnlichen Auftrag in den Konstruktionssaal, in dem etwa sieben Ingenieure an großen Zeichentischen arbeiteten:

„Wir haben von der Regierung der DDR den Auftrag, innerhalb von 24 Stunden für den verstorbenen Bert Brecht einen Sarg aus verzinktem Stahlblech zu konstruieren und zu bauen, der luftdicht verschlossen werden kann."

Es wurde erklärt, dass Brecht in seinem Testament einen solchen Sarg gewünscht habe und dass solche Särge nicht handelsüblich sind. Weil der Betrieb TRO in Berlin die besten Fertigungsanlagen für derartige Konstruktionen hatte, wurde er mit der Herstellung beauftragt.

Diese Arbeit war für die Ingenieure völlig neu; wir alle haben deshalb gemeinsam beraten, welche Blechqualität und Form optimal ist, so dass der Sarg nicht gar zu schwer wird und in der folgenden Nachtschicht von der Produktionsabteilung so hergestellt werden kann, dass er später dann problemlos dicht zugelötet werden kann.

Am Nachmittag haben wir die genaue Zeichnung an die Produktion übergeben und schon am folgenden Morgen wurde der Sarg geliefert.

Die Beerdigung fand am 17. August in einem normalen Holzsarg statt, und niemand konnte sehen, dass im Inneren noch ein völlig dichter Metallsarg war.

Bertolt Brecht wurde auf dem Dorotheenstädtischen Friedhof, direkt neben seinem langjährigen Wohnhaus in der Berliner Chausseestraße beerdigt.

Das gut gepflegte Grab existiert noch, und das Wohnhaus ist heute ein Brecht-Museum.[2]

2 Akademie der Künste, Berlin, Bertolt-Brecht-Archiv 4080/2.

DER GRIFF UMS HERZ

EINE FLUCHT IN DEN SCHRECKEN IN ZEITEN DER PANDEMIE AM BEISPIEL DER GESCHICHTE DER GHISMONDA IN BOCCACCIOS *DECAMERONE*

Martin Jürgens

> unsterblich bis zum letzten Atemzug
> Hermann Kinder

Ein Bild

Ja, es ist ein menschliches Herz. Blickt man zum Vergleich auf medizinische Modellzeichnungen, so sind Teile der oberen Hohlvene und der Aorta erkennbar (Abb. 1) – oberhalb der Hand, die den Herzbeutel umfasst hält, und der Mensch, in dessen Brust er pulsiert hat, muss vor Kurzem noch gelebt haben: Unter dem festen Griff fließt Blut nach unten in die goldfarbene Schale, die von der Linken gehalten wird, und einige hellere Tropfen (davon später mehr) laufen über die Finger: ein Horrorszenario in Nahsicht, das durch die Opulenz der malerischen Mittel eher gesteigert als gemildert wird: Die Varianten in der Textur der herabgeglittenen edlen Stoffe, die Tönungen der Haut im von links oben einfallenden Licht, die sorgfältig gesetzten Reflexe auf dem schmuckbesetzten, blauen Schulterband – dies in Bildeinheit mit Elementen des Lasziven, der nackten Brust nah am kühlen Rand der Schale und der entblößten linken Schulter. All diesen Reizen widerspricht der heftige Griff der Hand um das tote Stück Fleisch aus dem menschlichen Inneren. Und der kleine peinlich-komische Reiz des Lichtakzents auf der

Abb. 1: Bernardino Mei: *Ghismunda*, zwischen 1650 und 1659, Öl auf Leinwand, 66,5 x 47,5 cm, Palazzo Chigi, Siena.

die Nase herablaufenden Träne vergeht im Wiedererkennen des blutigen Herzens.

Im Echoraum unserer erlernten und nach und nach gewohnten Vorstellungen und Zuschreibungen ist das Herz weit mehr als unser zentrales Organ; es gilt uns als Sitz der Gefühle und Affekte und (wenn es denn gut geht) der von ihnen angefachten Liebe. Ist es davon erfüllt, von diesem kostbaren und volatilen Gut, kann man es verlieren oder geschenkt bekommen oder verschenken, und man tut gut daran, dabei (wie in Johann Sebastian Bachs *Notenbüchlein für Anna Magdalena Bach* von 1722/1725 empfohlen) mit Vorsicht vorzugehen:

Willst du dein Herz mir schenken,
So fang es heimlich an,
Daß unser beider Denken
Niemand erraten kann.
Die Liebe muß bei beiden
Allzeit verschwiegen sein,
Drum schließ die größten Freuden
In deinem Herzen ein.[1]

Dass im Blick auf diese Mahnung etwas katastrophal schief gehen kann, davon vermittelt dies Bild eine Ahnung, auch wenn man zunächst nicht mehr wissen kann, als man sieht. Sicher scheint nur: Diesem Moment ging etwas Schreckliches voraus und ihm wird etwas Schreckliches folgen. Aber was war und was kommt, darüber kann das Bild in all seinem Glanz (wie wohl jedes andere) sich nur ausschweigen. Es ist das ahnungsvolle und schonungslose Portrait eines Augenblicks, gemalt zwischen 1650 und 1659 von Bernardino Mei und zu sehen im Saal 33 der Pinacoteca Nazionale in Siena, dem Geburtsort des Künstlers.

Der Text

Das Ganze findet sich gut 300 Jahre zuvor in einer Novelle, deren Wendepunkt der Griff ums Herz ist; der Name der Frau ist Ghismonda, und von ihr handelt die erste Geschichte, die am vierten Tag in Giovanni Boccaccios *Decamerone*[2] erzählt wird – erzählt

---

1 So der Beginn der Arie *Willst du dein Herz mir schenken* (BWV 518) aus Johann Sebastian Bach: *Notenbüchlein für Anna Magdalena Bach*. Der Text findet sich gesungen auf den vielen Tonträgern, die dem *Notenbüchlein* gewidmet sind – zumeist auch auf den jeweiligen Materialien in Papierform, sowie in jeder gedruckten Ausgabe der Noten des *Notenbüchleins*.
2 [Giovanni] Boccaccio: *Das Dekameron*. Frankfurt am Main: Fischer 1961, S. 216–224. Die auf der Titelseite nicht genannte Übersetzung aus dem Italienischen von 1952 ist von Karl Witte. In der vglw. recht engmaschig verfahrenden Interpretation werden die Zitate aus der zur Rede stehenden Novelle

von Fiametta, zu Deutsch: „kleine Flamme". Der dem Text vorangestellte Plot lautet:

> Tancredi, Fürst von Salerno, tötet den Geliebten seiner Tochter und schickt ihr sein Herz in einer goldenen Schale; sie aber gießt vergiftetes Wasser darüber, trinkt es und stirbt.

Soweit der äußere Hergang in *einem* dürren Satz; er verrät fast nichts von den äußeren Umständen und gar nichts von den Emotionen, Motiven und Antrieben der handelnden Personen. Die aber und die aus ihnen hervorgehenden Konstellationen machen die Geschichte zu einem literarischen Schreckensgemälde, vor dem Autoren und Künstler der nachfolgenden Jahrhunderte halb fasziniert, halb schockiert gestanden haben, was seinerseits Folgen hatte: Von einer war bereits die Rede – von anderen später. Explizite Motive und kaum bewusste Antriebe: von beiden berichtet der Text – zum einen aus dem Blickwinkel der Erzählerin Fiametta und zum anderen in den langen Monologen Tancredis und Ghismondas. Ghismonda gelten bis zum bitteren Ende alle Sympathien der Erzählerin, und schon die ersten zwei Sätze plaudern es im Konjunktiv aus:

> Tancredi [...] wäre ein mildherziger [...] Fürst gewesen, hätte er sich in seinen alten Tagen nicht noch die Hände mit dem Blut zweier Liebender besudelt. Derselbe hatte zeitlebens nur eine Tochter gehabt, und wohl ihm, hätte er auch sie nicht besessen!

Dass er so zärtlich liebt, „wie nur je eine Tochter von ihrem Vater geliebt" wurde, ist das Movens allen Unheils, denn diese Vaterliebe ist eins mit dem Wunsch, zu besitzen und zu kontrollieren,

---

entgegen der strengen germanistischen Sitte im Folgenden nicht einzeln nachgewiesen, da der Text nur wenige Seiten umfasst und die jeweiligen Textstellen (auch in anderen Ausgaben) leicht auffindbar sind. Die Zitate aus den anderen Texten aus dem *Dekameron* sind jeweils mit Nachweisen versehen.

und so verheiratet Tancredi sie – wie Fiametta berichtet – „selbst da noch nicht, als sie das heiratsfähige Alter schon um mehrere Jahre überschritten hatte."

Als er es schließlich doch tut, braucht er nicht lange zu warten, denn der junge Ehemann, Sohn des Herzogs von Capua, stirbt, und Ghismonda kehrt zurück, „so schön, wie nur je ein anderes Weib gewesen und dabei jung, entschlossen und gescheit in höherem Maße als einer Frau vielleicht taugen mag." Damit ist eine, die weibliche Seite des Widerspruchs der Bedürfnisse genannt, und Ghismonda geht den ihren nach und beschließt, „sich [...] einen würdigen Geliebten zu verschaffen." Der findet sich unter den jungen Dienern des Vaters, und dass sein Name Guiscardo ist, kann kein Zufall sein, sondern ein Zeichen dafür, dass sich in der Assonanz der Namen zwei Herzen nahe sind. Damit es nicht bei deren platonischem Zusammenklang bleibe, lässt Ghismonda Guiscardo heimlich einen Brief zukommen, „in welchem sie ihm anzeigte, was er am folgenden Tag zu tun habe, um zu ihr zu gelangen."

Sie folgt also umsichtig der Empfehlung in Bachs *Notenbüchlein*, das sie aufgrund ihrer zu frühen Geburt nicht kennen kann, und der der Not gehorchende Zwang, die Liebe geheim zu halten, führt den liebenden Guiscardo durch ein Einstiegsloch hinab in eine vergessene Höhle und über eine geheime Treppe bis in Ghismondas Zimmer, wo sich die Liebenden treffen – unter dem „lebhaftesten beiderseitigen Ergötzen".

Dies Glück ist nicht von Dauer, und es ist der Vater, der den beiden auf die Spur kommt, zunächst aus Zufall, dann in zunehmend böser Absicht: Gewohnt, die Tochter am Nachmittag zum Gespräch in ihrem Zimmer aufzusuchen, lässt er sich, als er sie nicht sofort vorfindet, auf einem Schemel nieder, lehnt „das Haupt ans Bett", zieht den „Vorhang über sich, als hätte er sich absichtsvoll verbergen wollen", und schläft ein. Es kommt – wie zu erwarten – zu einem weiteren Treffen der Liebenden im Bett; der fürstliche Vater wacht auf und hört und sieht zu. Er gibt seinem aufflammenden Zorn nicht nach, sondern zieht es vor, „zu schweigen und [...] verborgen zu bleiben, um später mit größerer Überlegung [...] das auszuführen, was zu tun ihm bereits dunkel vorschwebte." Mit dieser selbstauferlegten Handlungshemmung fixiert sich Tancredi für „lange Zeit" in der Position eines masochistischen Voyeurs: Sein junger Subalterner bekommt vor seinen Augen und Ohren, was der zu zärtlich liebende, betagte Vater in seinen unbeaufsichtigten Träumen bestenfalls wünschen kann. Diese Kränkung von eigener Hand kann er, wie der Fortgang der Handlung zeigt, nur in einer Folge maßloser, sadistischer Akte kompensieren.

Väterliche Tränen

Wie wenig souverän dieser sadistische Furor ist, das bezeugen die Tränen des Tancredi; sie begleiten jede Phase seines innerhäuslichen Rachefeldzugs. Als seine Knechte den mittlerweile auf seinen Befehl gefangenen Guiscardo vor ihn führen, ist er „fast bis zu Tränen erschüttert", und er klagt mehr, als dass er anklagt, wenn er den Vorwurf formuliert, seine Güte habe „die Schande nicht verdient", die der Diener ihm „in dem Meinigen angetan" habe: ein Satz, in dem der Besitzanspruch auf die Tochter erstmals eine libidinöse Färbung annimmt. Guiscardos Antwort ist ein hochgemuter Hinweis auf eine höchst menschliche, nein zwischenmenschliche Macht: „Die Liebe vermag sehr viel mehr als Ihr und ich." Tancredi lässt sich von solcher Einsicht nicht irritieren; seine an Ghismonda gerichtete Anklagerede beginnt (am nächsten Tag im Zimmer der Tochter, also am Ort des Geschehens, den er am Vortag heimlich verlassen hat) „unter Tränen" und endet mit einer fast biblischen Geste der Trauer, was die Erzählerin zu einem höchst ironischen Vergleich führt: „und mit diesen Worten neigte er das Haupt und weinte so heftig, wie ein Kind, das arge Schläge empfangen hat." Mit welcher Souveränität Ghismonda dem von Selbstmitleid und Zorn ergriffenen Vater antwortet – und zwar in Wort und Tat – wird noch zu zeigen sein.

Tancredi jedenfalls lässt seine Tränen das nächste Mal kurz vor dem Tod der Tochter fließen, und diesmal werden sie sofort von Ghismonda kommentiert: Er solle sich seine Tränen sparen für ein Unglück, das er nicht selbst herbeigeführt habe; sie begehre „dergleichen nicht." Wenn er schon nicht habe dulden wollen, dass sie „stillschweigend [...] mit Guiscardo lebte", solle er ihr „als letzte Gunst" gewähren, dass nun ihr Leib „wenigstens mit dem seinigen, wohin du ihn immer hast werfen lassen, öffentlich zusammen ruhe". Dann drückt Ghismonda das tote Herz Guiscardos ein letztes Mal an das ihre und stirbt. Tancredis Tränen fließen erneut und diesmal als ein zu spätes Zeichen der Reue angesichts der Folgen seiner „Grausamkeit", die auch über das postum gewährte gemeinsame Grab hinweg in keinem versöhnlichen Licht erscheint.

Delegierter Sadismus und weibliche Souveränität
Grausamkeit: Dies im letzten Satz der Novelle fallende Stichwort bezeichnet keine Handlungsqualität, die Tancredi zuzurechnen wäre. Dessen von „tödlichem Gram" getriebene Rache wird ans Personal delegiert: ein weinerlich grundierter Sadismus nach Gutsherrenart, der die Berührung scheut. Tancredi befiehlt, den gefangengenommenen Guiscardo in seiner (Tancredis) Abwesenheit zu erdrosseln „ohne jedes Geräusch", sein Herz aus dem Leib zu schneiden und ihm zu bringen. Den toten Hohlmuskel berührt er für einige Augenblicke, wenn er ihn in eine goldene Schale legt, bevor er „einen vertrauten Diener" mit dieser Gabe zu seiner Tochter schickt – nicht ohne ihm den Satz vorzuschreiben, den er aufzusagen hat: „Das schickt dir dein Vater, um dir an dem, was du am meisten liebst, ebenso viel Freude zu bereiten, wie du ihm an dem gewährt hast, was er am liebsten hatte": ein in Kombination mit der grausigen Gabe perfider Satz, der das Begehren der Tochter verhöhnt, indem er ihm als Geschenk nichts bietet als totes Fleisch und in dem das väterliche verletzte Begehren dennoch umgeht – unter dem Zeichen eines verbitterten ‚Vorbei'.

Diesem feigen Zynismus, der jede Konfrontation meidet, steht die Haltung Ghismondas entgegen; die hat sich, während Tancredi seine Vorkehrungen trifft, auf ihr Ende vorbereitet, und sie legt es mit Umsicht und Entschlossenheit in ihre eigenen Hände: Ein giftiger Trank, der aussieht wie Wasser, ist vorbereitet; für den vom Diener wiederholten Satz hat sie einen Sarkasmus bereit, der seinesgleichen sucht und kaum findet: Dem Herzen des Geliebten zieme „kein geringeres Grab als ein goldenes", und dafür solle er, der Diener, dem Vater „den letzten Dank" bestellen, den sie ihm „jemals sagen werde."

Der letzte Adressat ihrer Worte ist das leblose Herz; ihm verspricht sie die Vereinigung im Tod:

> Als sie so gesprochen hatte, begann sie, ohne nach Art der Frauen laut zu klagen, über die Schale geneigt, [...] einen solchen Strom von Tränen zu vergießen, dass es schien, als sei ihrem Haupt ein Wasserquell entsprungen.

Das unter den Vorzeichen des konjunktivischen Scheinens stehende Satzende verweist auf einen seit der Antike bekannten Bedeutungszusammenhang, der der Quelle eine heilende Wirkung zuspricht. Dass hierüber weibliche Gestalten wachen, z. B. die Najaden, passt zum Wunschprogramm der ‚kleine Flamme' genannten Erzählerin und zur Identität ihrer Protagonistin Ghismonda; im Gemälde Bernardino Meis aus dem 17. Jahrhundert wird das Motiv des Wassers aufgenommen – diesmal als das vergiftete Wasser des bevorstehenden Todes. In der goldenen Schale, die für den Hohn des Vaters und die Kostbarkeit des geliebten Herzens zugleich steht, vermengt es sich mit den Tränen Ghismondas, und es ist eben dieser Moment kurz vor deren Tod, dem der Maler in seinem Gemälde Gestalt verliehen hat. So erklärt sich die seltsame Farblosigkeit der Tropfen, die über die Finger Ghismondas laufen. Sie verweisen auf ihre mit einer Quelle (also dem Leben) verglichenen Tränen und zugleich auf den tödlichen Trank. (Abb. 2)

Abb. 2
Ausschnitt aus:
Bernardino Mei: *Ghismunda*,
zwischen 1650 und 1659.

Erzählen in Zeiten der Pandemie: ein Sozialexperiment auf Zeit

Welche Verweise auf alte Bedeutungszusammenhänge auch immer zutreffend erscheinen mögen: Die Krassheit des fleischlichen Details aus dem Inneren eines gemordeten Menschen – im Text wie im späteren Bild – und die Unerbittlichkeit der Handlung in Richtung Doppelgrab legen die Frage nahe: Warum und mit welcher Absicht wird das so schonungslos erzählt?

Die Frage stellt sich noch dringlicher, wenn man den Kontext ins Auge fasst, in dem im *Decamerone* erzählt wird, ausgiebig erzählt wird: Hundert Geschichten sind es, in zehn aufeinander folgenden Tagen, zehn an jedem Tag, von zehn jungen Leuten, sieben Frauen und drei Männern, insgesamt (der Titel sagt es) ein „Zehn-Tage-Werk". Schon der Anklang an das „Heptameron", das „Sieben-Tage-Werk" der Schöpfungsgeschichte macht deutlich, dass es hier um nichts Geringes gehen kann. Es ist die Erfahrung der Ohnmacht in einer jede bisherige Vorstellung übersteigenden Katastrophe: Die Pest, die 1348 Florenz heimsucht und gegen die, wie Boccaccio schreibt, „keine Klugheit oder Vorkehrung"[3] hilft. Schon eine einzige von ihm genannte Zahl macht deutlich, was die damaligen Erfahrungen von denen unterscheidet, die wir mit der Pandemie unserer Tage machen: Zwischen März und Juli des genannten Jahres sterben in Florenz etwa 100.000 Menschen an der Pest. In Europa sind es im 14. Jahrhundert 25 Millionen Menschen.

Den Dimensionen solchen Schreckens entsprechen die sozialen und psychischen Verheerungen; Boccaccio berichtet in seiner als historische Quelle oft gerühmten Einleitung von ihnen, als Zeichen einer „allgemeinen Entfremdung":

> [...] mit solchem Schrecken hatte dieses Elend die Brust der Männer wie der Frauen erfüllt, daß ein Bruder den andern im Stich ließ, [...] und oft die Frau den Mann, ja, was das Schrecklichste ist [...]: Vater und Mutter weigerten sich, ihre Kinder zu [...] pflegen, als wären es nicht die ihrigen.[4]

Der Erzählanlass für das *Decamerone* ist also nicht allein, nicht einmal primär, die Furcht vor Krankheit und Tod; es ist das soziale und moralische Desaster, das die zehn jungen Leute aus der Stadt treibt. Die Initiative geht dabei von sieben Frauen aus, die sich in der Kirche Santa Maria Novella treffen; sie sind zwischen achtzehn und achtundzwanzig Jahre alt und alle miteinander bekannt, nicht zuletzt deshalb, weil sie den mehr als besseren Kreisen der Stadt angehören. Es ist vor allem die Furcht, dem moralischen Verfall nicht widerstehen zu können, die den Plan reifen lässt, sich gemeinsam auf die Landgüter zu begeben. Die finanziellen Mittel hierzu sind für alle so selbstverständlich, wie der bequeme Rückhalt, der ihnen in Gestalt ihrer Bediensteten gegeben ist.

---

3 Boccaccio: *Dekameron*, S. 10.
4 Ebd., S. 17–18.

Was ihnen anfangs zu fehlen scheint, ist der hilfsbereite Schutz von Männern. Der Fortgang der Handlung aber enthebt sie rasch aller Zögerlichkeit: Drei junge Männer, alle im Alter oberhalb der fünfundzwanzig und alle in eine der sieben Frauen verliebt oder mit ihr verwandt, betreten die Kirche. Pampinea, die Wortführerin, fasst dies sogleich als ein Zeichen auf, dass „das Glück [...] unserem Beginnen günstig" sei und findet eine Formel, die das Verhältnis von Frauen und Männern in ein ironisch-widersprüchliches Gleichgewicht bringt. Es seien „verständige und wackere Jünglinge", die „gern unsere Führer und Diener sein werden, wenn wir nicht verschmähen wollen, sie zu diesem Amte anzunehmen."[5]

Nach Kurzem sind alle zehn sich einig, schon am nächsten Tag nach nur wenigen Vorbereitungen aufs Land zu gehen und da nach dem Vorschlag Pampineas „unter den [...] Lustbarkeiten, welche die Gegenwart uns bieten kann, so lange in diesem Leben fortzufahren, bis wir [...] gewahr werden, dass der Himmel diese Leiden zu enden beschlossen hat."[6]

Boccaccio braucht nicht mehr als zwei Seiten, um den Auszug aus Florenz und die ersten Freuden in den neuen Verhältnissen zu schildern. Die umgebende Natur ist ein Muster dessen, was seit der Antike als *locus amoenus* (als ‚lieblicher Ort') bekannt ist: „Rings umher lagen Wiesen und reizende Gärten mit Brunnen voll kühlem Wasser und Gewölben, die reich an köstlichen Weinen waren".[7] Dieser Fülle entspricht die feine Opulenz der Landhäuser: das weiße Leinen auf den Tischen, die Blumen in den Gängen und Innenhöfen und die Blütenblätter auf den Fußböden der sorgfältig nach Geschlechtern getrennten Schlafzimmer.

In diesem Ambiente reift der Plan, sich jeden Tag zehn Geschichten zu erzählen – eine Herausforderung für jede und jeden und

5 Ebd., S. 27.
6 Ebd., S. 26.
7 Ebd., S. 29.

das unter einer jeden Tag neu zu wählenden Leitung, genannt „Königin" bzw. „König". Überblickt man dies Arrangement, so lässt sich durchaus von einem Gesellschaftsentwurf in nuce und auf Probe sprechen. Hier versuchen sich zehn vermögende junge Leute in allem Ernst und aller Heiterkeit an einem Leben jenseits ihrer bisherigen sozialen Normen, und inmitten von allem Flanieren, Parlieren, Singen, Speisen und Tanzen kommt dem Erzählen die zentrale Rolle zu.

Funktionen des Erzählens

Versucht man, die Geschichten des Boccaccio nach ihren Funktionen für die aus der Stadt Geflohenen zu befragen, so ergibt sich zunächst folgendes: Ein Großteil dient der Entlastung von den Erfahrungen inmitten der Epidemie; das gilt vor allem für die erzählten unerhörten Begebenheiten, die (ganz im Sinne der Novellen-Definition Goethes) über unvorhersehbare Wendungen zu glücklichen Endkonstellationen führen. Die ihnen entsprechende Rezeptionshaltung ist das gespannte Zuhören, das oft in einem erleichterten Aufatmen endet.

Ein prominentes Beispiel bietet die oft so genannte Falkennovelle, in der Federigo, ein arg verarmter alter Edelmann und eine auch nicht mehr junge, adlige, aber reiche Giovanna trotz der eklatanten sozialen Unterschiede zueinander finden. Als Wendepunkt fungiert dabei der Tod des Falken – von ihm, der ihn besitzt, geliebt und getötet, und von ihr, aufgrund der Liebe zu ihrem kranken Sohn, begehrt. Ohne hier ins Einzelne zu gehen: Die Lektüre ist ein einziges Vergnügen. Wie da auf sieben Buchseiten erzählt wird, dass die Liebe die Differenz von arm und reich gegenstandslos werden lässt, ist auch für heutige Leser kein kleines literarisches Wunder, und die egalitäre Tendenz, mit der das Ende eingeleitet wird, passt zum sozialen Experiment, dem die zehn jungen Leute sich verschrieben haben. Ihr Votum für die Liebe formuliert Giovanna so: „Ich aber ziehe den Mann, der des Reichtums entbehrt, dem Reichtume vor, der des Mannes entbehrt."[8] Ein Erfolg der Liebe jenseits der Norm: Solche Happy Ends gehören wohl immer noch zu den kleinen Utopien, auf die wir in Schrift, Bild und Ton gern angewiesen sind – eine Entlastung, die als Überraschung genossen wird, also eine der eher passiven Art.

Aktivere Formen der entlastenden Rezeption – Spott, Hohn, Empörung – finden im *Decamerone* ebenfalls ihre Nahrung – vor allem in den nicht selten deftigen und heftigen Geschichten, die die Doppelmoral des Klerus bloßstellen, so wenn der Mönch Rusticus einer sehr jungen und leider einfältigen Frau beibringt, wie man den zu ihm gehörenden und sein Haupt hochmütig erhebenden Teufel in die Hölle, die ihr Teil sei, heimschicken könne und welch ein Gott wohlgefälliges Werk dies sei und welch ein angenehmes dazu.[9] In der zehnten Geschichte des achten Tages zeigt ein Priester einem recht einfältigen Mann vor dessen Augen und bei gleichzeitigem Schweigegebot, dass und wie er imstande ist, dessen Frau in eine Stute zu verwandeln – bis hin zum *a tergo* vollzogenen Coitus.[10]

So herb die Kritik am männlichen klerikalen Personal ausfällt, so milde gehen die Geschichten mit den Nonnen um, die sich jenseits der geltenden Sitten bewegen. Diese freundliche Nachsicht ist eine milde Form der im gesamten Buch wirksamen Parteilichkeit für die Interessen der Frauen. Aus all dem nährt sich die hungrige Vorlust auf ein Mehr an erzählten Neuigkeiten, und beides hat zum Ruhm des *Decamerone* beigetragen – ein wahrer Schatz vor allem für die, die der Entlastung in Zeiten der Belastung bedürfen.

8 Boccaccio: *Dekameron*, S. 321.
9 Vgl. ebd., S. 203.
10 Vgl. ebd., S. 737.

Abb. 3: William Hogarth: *Sigismunda Mourning over the Heart of Guiscardo*, 1759, Öl auf Leinwand, 100,4 x 126,5 cm, Tate Gallery, London.

Andauerndes Interesse und ein weiteres Bild

Wie steht es nun aber mit der Geschichte der Ghismonda? Wie etliche andere Geschichten des vierten Tages ist sie eine verstörende Ausnahme: kein Happy End, sondern in rascher Folge ein Mord, ein Selbstmord und ein Doppelgrab, keine unerwarteten Wendungen, sondern ein Sturz ins Ausweglose, ein Schrecken wie aus dem Nichts. Welchen Sinn vermittelt und welche soziale Funktion hat diese Geschichte angesichts der Bedrohungen, vor denen die jungen Leute geflohen sind?

Zur Erinnerung an den Wendepunkt der Geschichte hier eine weitere Darstellung der Ghismonda mit dem Herzen des Geliebten: wieder ein Gemälde, diesmal etwa 400 Jahre nach dem *Decamerone*, gemalt von William Hogarth 1759 und zwei Jahre später von ihm ausgestellt als ein Versuch, sich einen Ruf als

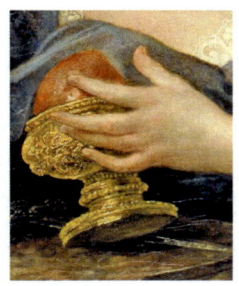

Abb. 4
Ausschnitt aus: William Hogarth:
*Sigismunda Mourning over the
Heart of Guiscardo*, 1759.

Historienmaler zu sichern, vergleichbar dem der alten italienischen Meister.[11] (Abb. 3)

Dies mit diesem Motiv zu versuchen, lag durchaus nahe: Die Geschichte der Ghismonda war um die Mitte des 18. Jahrhunderts in England bekannt; eine Adaption für die Bühne gab es seit 1745. Zudem war das Bild eine Auftragsarbeit. Hogarth scheiterte jedoch auf der ganzen Linie: Der Auftraggeber lehnte das Bild ab – mit der Begründung, es führe zu Melancholie, wenn man es ständig vor Augen habe. Einige Kritiker monierten, es sei schockierend, die Schönheit der Frau so nah an dem blutigen Organ wahrnehmen zu müssen; einer von ihnen sprach vom Nicht-Menschlichen des Bildes, ein anderer sah die Hand eines Schmierers am Werk. Es gibt einige Hinweise, vielleicht auch nur Vermutungen, dass Hogarth – möglicherweise, um den Kritikern entgegenzukommen – nachträgliche Änderungen am Bild vornahm: Auf der linken Hand der Frau seien Blutflecke übermalt worden; die Berührung mit dem blutigen Herzen sei korrigiert worden; der Umriss der Fingerspitze sei noch sichtbar – Beobachtungen, die an Hand der Reproduktionen kaum nachvollziehbar sind. (Abb. 4)

Wie immer es sich damit verhält: Hogarth ersetzt das Gemälde nach zehn Tagen durch ein anderes. In den drei Jahren bis zu

---

11 Der nachfolgende Überblick über die Wirkungen des Gemäldes ist eine Zusammenfassung der einschlägigen, im Netz zugänglichen Informationen.

Abb. 5: Ausschnitt aus: William Hogarth: *Sigismunda Mourning over the Heart of Guiscardo*, 1759.

Abb. 6: Ausschnitt aus: William Hogarth: *The Comic Muse*, 1758–1764, Radierung, Kupferstich auf Büttenpapier, 57,8 x 45 cm, Staatsgalerie Stuttgart.

seinem Tod 1764 malt er nicht mehr. Dass ihm aber sein letztes Bild wichtig war – dafür gibt es einen versteckten Hinweis: Das Tischbein (am unteren Bildrand in der Mitte) zeigt ein männliches Profil, das dem auf einem zwei Jahre zuvor gemalten Selbstporträt mehr als ähnlich ist, so als habe Hogarth sich ins Bild setzen wollen – zwar im Schatten der schweren Tischplatte, auf der der Kelch mit dem geliebten Herzen steht, aber doch erkennbar vor dem prächtigen Kleid der gemalten Liebenden. (Abb. 5 & 6)

Dies wie auch die gegen ihn gerichteten Aversionen machen deutlich: Die in einem einzigen Augenblick vergegenwärtigte Geschichte dieser Frau hat Teile der künstlerischen Intelligenz und ihr Publikum lange beschäftigt – bis weit ins 19. Jahrhundert hinein, so etwa 1783 in einem langen Gedicht von Gottfried August Bürger, so 1837 in einer effektbewussten Adaption für die Bühne: *Ghismonda. Dramatisches Gedicht* von Karl Immermann. Jahrzehnte später wurde dieser Text zur Grundlage des

Librettos einer Oper von Eugen d'Albert, uraufgeführt 1895 in Dresden: weitere Belege also für die lang andauernde Wirkung dieser Figur – von der Mitte des 14. bis zum Ende des 19. Jahrhunderts.

Es ist nicht zuletzt die physiologische Krassheit, mit der das uns allen gemeinsame zentrale Organ in Text und Bild gegenwärtig ist – ohne die Gnade der Abmilderung ins Symbolische oder Metaphorische. Es ist wie der erste Blick, den man als Kind in eine offene Wunde am Unterschenkel wirft (nach dem missglückten Sprung über den Stacheldrahtzaun) oder auf das sprudelnde Blut aus dem Hals eines Huhns, dem der Klassenkamerad, ein Bauernsohn, den Kopf abgeschlagen hat. Wenn man es in einem Begriff zu fassen versucht, ist es nach einer Unterscheidung Sigmund Freuds in *Jenseits des Lustprinzips* nicht die Furcht, der ihr Objekt bekannt ist (zumindest aus *einer* zurückliegenden Erfahrung), und es ist auch nicht die Angst, dieser Begriff für die oft endlos erscheinende Phase einer objektlosen ruinösen Anspannung. Es ist nichts als der pure Schrecken, eine erlebte Einheit von Reiz und Reaktion, ansatzlos und aus dem geliebten heiteren Himmel; solcher Bedrohung entgeht man nicht, indem man den Anlass so gut kennenlernt, bis er sich vereinfacht und verkleinert; auch die Gewöhnung des psychischen Apparates an eine diffuse, andauernde Beanspruchung hilft nicht weiter.[12]

Was aber hilft? Und welchen Sinn hat der erzählte Horror der Ghismonda-Novelle als Bestandteil des sozialen Experiments auf dem Lande? Manchmal sind Umwege unvermeidlich; die aber – so ein Kurt Tucholsky zugeschriebenes Diktum – „erhöhen die Ortskenntnis". Im mir bekannten Kasten der theoretischen Werkzeuge finden sich zwei Angebote, die brauchbar sein können; sie sind allerdings ebenso riskant gedacht wie belastend in der Handhabung: das von Christoph Türcke anhand der Geschichte des Opferrituals entwickelte Modell einer „Flucht in den Schrecken" und das Konzept einer Kunst des Anästhetischen von Peter Weiss.

---

12 Vgl. Sigmund Freud: *Jenseits des Lustprinzips*. Ditzingen: Reclam 2021.

Flucht in den Schrecken

In Türckes *Mehr! Philosophie des Geldes*[13] ist es die Annahme einer Genese des Opferrituals als panische Antwort auf die Schrecken einer unverstandenen Natur: der Blitz und das von ihm entzündete Feuer, der alles niederwerfende Sturm, die Sturmflut, die uns zur Erstarrung bringende Kälte und nicht zuletzt die sich rasend verbreitenden Krankheiten, die bis ins 19. Jahrhundert hinein kaum handhabbar waren. Eine Ahnung von der lähmenden Wirkung solcher Schrecken streifte uns in der Frühphase der Pandemie unserer Tage – und im aktuellen Furor der Impfgegner zeigt sich möglicherweise eine paradoxe Reaktion auf die neue Erfahrung.

Vom Opfern als sozialer Praxis fühlen wir uns gleichwohl sternenweit entfernt. Kaum ein Begriff ist heute weniger angesagt; er widerspricht unserem Anspruch auf ein souveränes Leben. Im Munde der ‚jungen Generation‘ auf den Schulhöfen der Republik ist er Ausdruck tiefer Verachtung. Gleichwohl sind in nicht wenigen unserer alltäglichen Verhaltensweisen, Erfahrungen und Routinen Impulse wirksam, die sich als Spuren einer Fortdauer des Opferrituals lesen lassen:

– Das routiniert gegebene Almosen in einer U-Bahn-Unterführung oder auf den Stufen einer Sehenswürdigkeit ist oft ein Freikauf von unangenehmer Nähe – ein Opfer im kleinen Maßstab, das eine Distanz zu einer elenden oder versehrten Gestalt schaffen soll.

– Wem es zustößt, angepöbelt und bedroht zu werden, in einer nächtlichen Vorort-Bahn etwa, gibt ohne Besinnen einiges her, was man ihm abverlangt – nur damit es aufhört.

– Wer unversehens mit der Diagnose einer gefährlichen Krankheit konfrontiert ist, wird von zwanghaften Konjunktiven geplagt, in denen sich eine Frage wiederholt: Was würde ich nicht geben, damit es anders wäre und so wie zuvor?

13 Christoph Türcke: *Mehr! Philosophie des Geldes.* München: Beck 2015.

In manchen religiösen Praxen wirken alte Schreckenserfahrungen nach – so in jenen Umzügen von katholischer Pracht, die temporär zum folkloristischen Zauber der Altstädte beitragen. Seuchen, Brände, Überflutungen: Deren Wiederkehr soll – alten Gelübden folgend – durch die alljährliche Prozession gebannt werden. Die Forderung nach dem persönlichen Opfer ist zudem in jeder religiös dominierten Sozialisation virulent; sie zielt auf das Wohlwollen der jeweils adorierten Gestalt. Ich erinnere mich mit Grauen an ein inbrünstiges Marienlied, dessen erste Strophe mit dem Versprechen eines rückhaltlosen Selbstopfers endet und in jedem katholischen Gesangbuch zu finden ist:

> Wunderschön prächtige,
> Hohe und mächtige,
> Liebreich holdselige, himmlische Frau,
> [...]
> Gut, Blut und Leben
> Will ich dir geben;
> Alles, was immer ich hab, was ich bin,
> Geb ich mit Freuden, Maria, dir hin.

Die aus dem Alltag gegriffenen Beispiele haben eines gemeinsam: In ihnen ist ein vom Schrecken grundierter Abwehrimpuls wirksam, der sich in einer Gabe ausdrückt: Etwas wird weggegeben – ob als Versprechen oder real, und zwar nicht in der routinierten Erwartung, ein Äquivalent zu erhalten, dessen man bedarf, sondern als Versuch, sich oder einem anderen aus einer aktuellen Situation herauszuhelfen oder sich von der Gegenwart eines anderen zu entlasten, oder als erregtes Bemühen, einer Bedrohung zu entgehen. Das entsagungsfreudige Kirchenlied basiert zudem auf der Imagination einer zu glaubenden Macht – hier in Gestalt der Maria, im katholischen Raum eine gute Mittlerin zwischen Mensch und Gott; ihr hat man zu opfern – mit allem, was man hat und ist.

Die in den kleinen Opferritualen nachzitternde Erregung ist jedoch nur ein schwaches Echo jener Schrecken, die das frühe, in der Altsteinzeit anzunehmende Ritual des Menschenopfers zu bannen versuchte. Der heutigen Vorstellungskraft ist diese Praxis kaum zugänglich: Wer daran beteiligt war, seinesgleichen zu schlachten – dessen Entsetzen vor der Kraft einer übermächtigen Natur kann nur maßlos panisch sein.

Gleichwohl hatte das Menschenopfer seine grausige Vernunft, wie Christoph Türcke eindrucksvoll zeigt: Es ist eine nur kollektiv aushaltbare Flucht nicht *vor* dem Schrecken, *sondern in ihn hinein.* Das zu verstehen, fällt schwer. Sinn und Funktion des Opfers als Flucht nach vorn lassen sich jedoch im Rückgriff auf Sigmund Freuds Theorie der Trauma-Verarbeitung erschließen. Die Verheerungen des Ersten Weltkriegs – durch keine vorgängige Erfahrung antizipierbar – waren für Freud nur durch fortgesetzte Wiederholung zu bearbeiten und zu mildern:

> Das Schreckliche muss [...] nachvollzogen [...] werden, bis es seinen Schrecken allmählich verliert. Wiederholung macht Schreckliches vertraut, Unfaßbares faßbar. [...] Sie legt Reizfluchtbahnen an, auf denen das unerträgliche Reizübermaß [...] abgeführt werden kann.[14]

Es mag riskant erscheinen, dies Modell vom Beginn des 20. Jahrhunderts auf eine ungeheuer ferne Vergangenheit anzuwenden und das Menschenopfer als eine offensive Flucht in einen selbsterzeugten Schrecken aufzufassen. Welchen anderen Weg aber gäbe es, wenn die historischen Belege fehlen? Folgt man Türcke, so hat die panische Wiederholung des Schreckens in eigener Regie nach und nach eine Form gefunden, die es ermöglichte, den Schrecken nicht abzuwarten, sondern ihn hervorzurufen und damit das Vermögen zu stärken, „eine unbewältigte Vergangenheit wieder gegenwärtig zu machen, um sie loszuwerden"[15]:

14 Türcke: *Mehr!*, S. 26–27.
15 Ebd., S. 29.

Das Unbegriffene wird handhabbarer und gewinnt als Ritual eine Gestalt, die als eine sehr frühe Vor-Form von Theater verstanden werden kann, in der das Ängstigende nicht mehr drohend präsent, sondern repräsentiert und in Distanz gebracht ist – in „eine feste Verlaufsform", die sich reproduzieren ließ „zu einem Ritual mit Vorspiel und Nachspiel: zu einem Bild des in der Natur [...] unfassbar und diffus zuschlagenden Naturschreckens."[16]

Die Selbst-Unterwerfung in Gestalt des Menschenopfers ist also nicht nur passiver Tribut; sie trägt in sich den Keim einer sich *in the long run* geschichtlich geltend machenden Selbstermächtigung – eine Geste, die Rettung vor dem Naturschrecken verspricht, indem sie die eigene Handlungsfähigkeit in einer kollektiven Aktion unter Beweis stellt und zugleich die dadurch gegebene affektive Belastung zu handhaben versucht. Mit Zahlung und Tausch sind schließlich Mittel in der Welt, sich nach dem zu bannenden Naturschrecken vom in der Wiederholung befangenen Schrecken des Menschenopfers zu lösen. Das Totengedächtnis als Abschluss des Tötungsrituals, später die Bestattung, schufen Raum für erste Trauer, und die emotionale Besetzung der Toten war eine Voraussetzung dafür, seinesgleichen durch andere, weniger belastende Opfer zu ersetzen.

Damit war die Flucht *in* den Schrecken nicht länger der einzige Ausweg; mit der Ersetzung des Menschenopfers durch das Tieropfer gelang nach und nach ein menschheitsgeschichtlich großer Schritt. Das Tieropfer „breitete sich [...] etwa in einem Zeitraum von fünf- bis zehntausend Jahren, nach Europa, Afrika und Asien aus, [...] bis es schließlich zum Opfer par excellence avancierte".[17]

Die weitere Entwicklung des Opferrituals, die sich ins Abstrakte wendende Substitution des Tieropfers bis hin zum Tempelschatz und schließlich zum Geld, kann hier außer Betracht bleiben, so

16 Ebd.
17 Ebd., S. 46.

hinreißend Türckes Durchgang durch die Geschichte der Äquivalente ist. Der spekulative Blick zurück auf die Genese der Opferpraxis bietet genügend Hinweise für die Skizzierung einer Antwort auf die Frage, warum das Erzählen in der Zeit der Pest im 14. Jahrhundert sich den Horror der Ghismonda-Novelle zumutet und warum das noch heute von Interesse sein kann: Es war eine temporäre Flucht im kleinen Maßstab nicht *vor* dem Schrecken, sondern *in ihn hinein*. Ziel war dabei nicht die in vielen anderen Novellen wirksame *Ent*lastung, sondern das Gegenteil: In dieser hohen Schule der *Be*lastung wird das Erzählen in der kleinen Öffentlichkeit von zehn jungen Leuten zu einem Medium der Selbstverständigung der im Wechsel aktiv und passiv Beteiligten und zugleich ein Mittel der Stärkung der je individuellen Verarbeitungsmöglichkeiten.

Alter und neuer Schrecken:
Anästhesie als ästhetisches Prinzip
Nun existiert der Naturschrecken für uns und zu unserm Glück nicht mehr als Fülle von nicht handhabbaren Gefahren. Im Sinne von Bertolt Brechts Stück *Der Flug der Lindberghs*[18] von 1929 ist „das große gefürchtete Meer" längst „ein kleines Wasser"[19], und die Schutz erheischende Imagination und Adoration eines Gottes sind weithin Sache einer unwissenden Vergangenheit geworden:

> Zehntausend Jahre lang entstand
> Wo die Wasser dunkel wurden am Himmel
> Zwischen Licht und Dämmerung unhinderbar

18 Bertolt Brecht: Der Flug der Lindberghs. Ein Radiolehrstück für Knaben und Mädchen. In: Ders.: *Stücke 3*, hrsg. v. Werner Hecht / Jan Knopf / Werner Mittenzwei / Klaus-Detlef Müller. Frankfurt am Main: Suhrkamp 1988, S. 7–24.
19 Ebd., S. 15.

Gott [...] und ebenso
In den Wüsten kam er im Sandsturm [...][20]

Gegen ihn und seine in der ‚Schöpfung‘ lauernden Schrecken halfen und helfen zum einen der Fortschritt der Naturbeherrschung durch Technik und als deren Basis vor allem die Wissenschaft, aber auch der von ihr motivierte soziale Fortschritt:

> Unter den schärferen Mikroskopen
> Fällt er.
> Es vertreiben ihn
> Die verbesserten Apparate aus der Luft.
> Die Reinigung der Städte,
> Die Vernichtung des Elends
> Machen ihn verschwinden und
> Jagen ihn zurück in das erste Jahrtausend.[21]

Das bleibt ermutigend, wenn auch seit langem nicht in der Fülle des Optimismus, die Brecht vor 1933 gegeben war. Seit Beginn der aktuellen Pandemie begann jedoch auch eine andere Erfahrung wirksam zu werden; nicht wenige frohgemute Naturen nahmen wahr, was uns als Drohung bei aller Entzauberung bleibt: der uns sichere eigene Tod, und keine „Bekämpfung des Primitiven"[22] hilft uns, mit welcher Emphase wir sie uns auch zu eigen machen mögen. Hinzu kommt, dass dem Schrecken einer unverstandenen äußeren Natur die ubiquitären Verheerungen gefolgt sind, die die Gesellschaft, die sogenannte zweite Natur, mit wissenschaftlich geschärfter Vernichtungsintensität bereithält und ständig optimiert.

Ihnen ist mit einer temporären Flucht in den Schrecken kaum zu begegnen: Das zumindest ist die implizite These, die eine

20 Ebd., S. 16.
21 Ebd., S. 17.
22 Ebd.

nähere Beschäftigung mit Peter Weiss' Konzept einer Kunst als Medium von Anästhesie nahelegt. Es handelt sich dabei nicht um ein Modell, dem seine Texte durchweg verpflichtet wären und das auf seine interne Konsistenz hin befragt werden könnte, sondern um einen Begriff, der eine bestimmte Wirkungsqualität hochpräziser Vergegenwärtigung benennt und zugleich eine Haltung, mit den sich vor allem im 20. Jahrhundert überbietenden Gewaltexzessen auf eine radikale Weise umzugehen. In Form eines Imperativs: Es gilt, die Intensität der Wahrnehmung bis zu einer Schmerzschwelle zu steigern, die keine Ausflucht, Milderung oder Umdeutung zulässt und auf die Notwendigkeit umstürzender gesellschaftlicher Praxis verweist. Überlässt man sich diesem riskanten Verfahren, kann das zu Leseerfahrungen führen, die man sich kaum ein zweites Mal zumuten mag. Einer der Protagonisten in der *Ästhetik des Widerstands* sagt es so:

> Die Anästhesie gehöre [...] zur äußerst beteiligten, Stellung beziehenden Kunst, denn ohne deren Hilfe würden wir entweder vom Mitgefühl für die Qualen andrer oder vom Leiden am selbsterfahrnen Unheil überwältigt werden und könnten [...] unsre Schreckenslähmung nicht umwandeln in jene Aggressivität, die notwendig ist, um die Ursachen des Alpdrucks zu beseitigen.[23]

Die vor dieser Handlungsperspektive liegenden Erfahrungen lassen sich bei Peter Weiss nicht nur mit und in der *Ästhetik des Widerstands* machen. Schon in seinem *Marat/Sade*-Drama von 1964 lässt Weiss den Marquis des Sade – schwer atmend, wie es in der Regieanweisung heißt – die Hinrichtung des Robert Francois Damien nach dessen missglücktem Anschlag auf Louis XV im Jahr 1757 schildern – dazu hier ein zeitgenössischer Stich (Abb. 7):

---

23 Peter Weiss: *Die Ästhetik des Widerstands*, Bd. 1. Frankfurt am Main: Suhrkamp 1975, S. 83.

Abb. 7: *Hinrichtung durch Vierteilung des Robert François Damien 1757,* zeitgenössischer Stich.

> Taue befestigte man an seinen Gelenken
> vier Pferde spannte man dran und trieb diese an
> eine Stunde lang zerrten sie [...]
> ohne ihn zu zerreißen
> bis man ihm die Schultern ansägte und die Hüften
> so verlor er den ersten Arm und dann den zweiten [...]
> und schließlich hing er als blutiger Stumpf mit
> wackelndem Kopf
> und er stöhnte nur noch und starrte das Kruzifix an
> das der Beichtvater ihm vorhielt[24]

Im dritten Band der *Ästhetik des Widerstands* ist es die detaillierte Schilderung der Hinrichtung der Gruppe Harnack (bis heute leider oft ‚Rote Kapelle‘ genannt), bei deren erster Lektüre

---

24 Peter Weiss: Marat / Sade. In: Ders.: *Werke in sechs Bänden,* Bd. 4. Frankfurt am Main: Suhrkamp 1991, S. 155–255, hier S. 178–179.

sich bereits (dies nicht nur nach meiner Erfahrung) die Panik vor einer Wiederholung meldet:

> Da hingen sie alle, unter der Schiene, der Hals langgezerrt, der Kopf abgeknickt, zu erkennen waren sie nicht mehr, [...] Der letzte [...] schwankte noch leicht auf und ab, und ein Zittern war in seinen Beinen, und schnell, weil der Geruch nicht mehr zu ertragen war, machte sich Schwarz daran [...], den Leibern die triefenden Hosen abzustreifen.[25]

Ich erspare mir und den Leserinnen und Lesern weitere Beispiele; sie lassen sich im Übrigen nicht nur bei Peter Weiss finden, sondern ebenso bei anderen, z. B. bei Ivo Andrić oder Hans Fallada. Das Erzählen hat in diesen Passagen Teil an einem Dilemma, das jeder radikalen ästhetischen Praxis im gesellschaftlichen Ernstfall eigen ist. Sie macht sich temporär gemein mit dem, was sie zeigt. Für die Moderne gilt das nach Theodor W. Adorno in besonderem Maße. Sie fungiert nolens volens als Teilhabe am Entfremdeten und Verhärteten:

> Ohne Beimischung des Giftstoffs, virtuell die Negation des Lebendigen, wäre der Einspruch der Kunst gegen die zivilisatorische Unterdrückung tröstlich-hilflos [...]. Opposition gelingt ihr einzig durch Identifikation mit dem, wogegen sie aufbegehrt.[26]

Fluchtpunkt solch bewusster Zumutung ist im oft zitierten letzten Satz der *Ästhetik des Widerstands* die Erwartung der erlösenden Geste endgültiger Befreiung, an keine Heldenfigur gebunden. Das Zeichen des Herakles, die Löwenpranke, wäre zu sehen und zu greifen für jeden, aber

---

25 Peter Weiss: *Die Ästhetik des Widerstands*, Bd. 3. Frankfurt am Main: Suhrkamp 1981, S. 220.
26 Theodor W. Adorno: *Ästhetische Theorie*. Frankfurt am Main: Suhrkamp 1970, S. 201.

es würde kein Kenntlicher kommen, den leeren Platz zu füllen, sie müßten selber mächtig werden dieses einzigen Griffs, dieser weit ausholenden und schwingenden Bewegung, mit der sie den furchtbaren Druck, der auf ihnen lastete, endlich hinwegfegen könnten.[27]

Von solchen Erwartungen sind wir heute weit entfernt: Der Platz des Herakles bleibt leer und wir in aller Regel untätig und fast wie gelähmt. Das hat seinen Grund: Peter Weiss' Konzept einer Kunst des Anästhetischen verweist auf eine heute kaum noch vorstellbare Zukunft, ist also im Wortsinn *ortlos, utopisch*. Damit ist es ein Analogon zu Türckes Theorie des Opferrituals, das sich auf eine unzugängliche Vergangenheit bezieht, also auch auf einen Nicht-Ort, auf Utopie.

Der Trost der Ghismonda und ein weiter schlagendes Herz

Eine literarische Figur wie die der Ghismonda kann – so ist zu hoffen – in solcher Ortlosigkeit über die Jahrhunderte hinweg tröstlich sein, zumindest das. Und sie kann ein Beispiel dafür sein, dass die zweigeteilte Welt der Männer und Frauen nicht bleiben muss, was und wie sie ist. Ghismondas Absage an alles, was Schicksal heißt und Gegebenheit, ist Folge einer sich in kurzer Zeit vollziehenden Entwicklung: ein sprunghafter Zuwachs an Souveränität jenseits dessen, was der den Frauen zugemutete Tugendkatalog früherer (aber nicht vergangener) Zeiten vorschreibt. Die Auftaktsätze zu der drei Seiten langen Antwort auf die zitierten tränenseligen Vorhaltungen des Vaters zeigen das in aller schönen und düsteren Intensität: Dem Schmerz nach der Gefangennahme ihres Geliebten gibt sie nicht nach, obwohl sie „nahe daran" ist, sich „nach Art der meisten Frauen in [...] lautem Wehklagen Luft zu machen."[28]

---

27 Weiss: *Ästhetik des Widerstands*, Bd. 3, S. 268.
28 Zum Nachweis der Zitate aus der Ghismonda-Novelle vgl. Fn. 2.

Ihre nachfolgende Rede ist eine Absage an alle Ausflüchte und ein scharfes Plädoyer für die Wahrheit dessen, was geschehen ist und bleiben wird: Sie „habe Guiscardo geliebt, liebe ihn noch und werde ihn lieben", solange sie am Leben sei, „was nicht mehr lange sein" werde. Sie sei „aus Fleisch und Blut und nicht aus Eisen oder Stein", aber „weit davon entfernt, gelebt zu haben." Gegen die soziale Norm und den Vorwurf der Mesalliance führt sie das Postulat der „von Natur", mithin a priori gegebenen Gleichheit ins Feld: Er, Tancredi, werde erkennen, „daß unser aller Fleisch aus einem Stoffe besteht und daß unsere Seelen [...] mit gleichen Fähigkeiten, gleichen Anlagen und gleichen Eigenschaften ausgestattet worden sind." Erst die Tugendlehre habe die gleich Geborenen unterschieden und die ‚Edlen' von den ‚Unedlen' getrennt. Die sich solcher Trennung nicht beugen, verantworten, was sie aus Liebe unbeirrt tun, mit ihrem Eigensinn.

Man kann, ohne allzu kühn zu sein, sagen: Ghismonda muss mehr als eine hellsichtige Vorahnung davon gehabt haben, was Niklas Luhmann am Ende seines Buchs *Liebe als Passion* als Resümee formuliert, dass nämlich „im Intimbereich Systeme diejenigen Bedingungen, die ihre Konstitution und ihre Fortsetzung ermöglichen, selbst produzieren müssen"; damit gebe sich „die Liebe [...] ihre Gesetze selbst [...] im konkreten Fall und nur für ihn. Radikaler als je zuvor wird man konzedieren müssen, daß Liebe alle Eigenschaften auflöst, die für sie Grund und Motiv sein könnten."[29]

Bei dieser Einsicht bleibt es in der Geschichte der Ghismonda nicht. Am Ende ihrer selbstbewussten Rede geht die Protagonistin von der schneidenden Argumentation zur Ankündigung einer Tat über, von der verbalen Abgrenzung zur praktischen Drohung und das einmal mehr unter den Zeichen einer zu vollendenden Gleichheit: Solle er, ihr Vater, „ihr nicht dasselbe tun", was er Guiscardo angetan habe, so werde sie sich mit ihren eigenen

29 Niklas Luhmann: *Liebe als Passion. Zur Codierung von Intimität.* Frankfurt am Main: Suhrkamp 1983, S. 222–223.

Händen „das gleiche Los bereiten." Dieser Ankündigung lässt sie einen letzten Satz folgen, der dem furchtbaren Vater die für weiblich gehaltene Reaktion empfiehlt und ihm zu der männlich attribuierten Aktion, nein Untat, rät, zu der er nicht fähig ist: „Wohlan denn, weine, wenn du willst, den Weibern gleich, verschließe, wenn du glaubst, dass wir es verdient haben, dem Mitleid dein Herz und töte uns beide mit einem Schlage." – Angesichts solch provokanter Klarheit ist es nicht nur naheliegend, sondern geboten, von Ghismonda und ihrer Erzählerin mit dem flammenden Vornamen als von Feministinnen zu sprechen, von Feministinnen *avant la lettre*.

Das Gleichheitspathos, das Ghismondas Rede grundiert, ist jedoch nicht nur Ausdruck ihrer Souveränität; es ist auch eine Folge der Situation, in der hier erzählt wird. Gleichheit ist eine bittere, tödliche Quintessenz der Epidemie, die damals über Norditalien und dann über ganz Europa hinwegging. Die Toten sind sich alle gleich, und die Lebenden begannen, das als ausweglose Lehre zu begreifen, die es – und mit dem Wort wären wir wieder beim Thema – zu *beherzigen* gilt.

***

Kehren wir am Ende zum ersten Bild und zu seinem höchst befremdlichen Detail zurück – dem Griff ums Herz. Ghismonda hält in ihrer Hand – und die erscheint im Bild sicher nicht per Zufall größer als die, die ihrer Gestalt zuzurechnen ist (Abb. 8) – das tote Organ, das Zeichen der in der Liebe möglichen und für sie vergangenen Lebendigkeit. Dass solche Zeichen bis in unsere Tage hinein virulent sein können, zeigen einige in höchster Emphase gesungene Zeilen eines Songs des Rock-Sängers Meat Loaf, 1977 erstmals zu hören und bis heute 43 Millionen Mal verkauft. (Abb. 9) Es ist die Phantasmagorie einer suizidalen Motorradfahrt; das schwermetallische lyrische Ich imaginiert sich als sterbenden Biker neben seiner brennenden Maschine unter einer sengenden Sonne und sieht als letztes, wie sein Herz aus seinem

Abb. 8: Ausschnitt aus:
Bernardino Mei: *Ghismunda*,
zwischen 1650 und 1659.

Körper ausbricht und weiterhin schlagend davonfliegt – „like a
bat out of hell" – wie „eine Fledermaus aus der Hölle".

> Then I'm down in the bottom of a pit in the blazing sun,
> Torn and twisted at the foot of a burning bike,
> And I think somebody somewhere must be tolling a bell,
> And the last thing I see is my heart, still beating,
> Breaking out of my body and flying away
> Like a bat out of hell.

Was die Fürstentochter Ghismonda festhält, ist das Organ ihres
toten Geliebten; im Lied des rüden Sängerhelden Meat Loaf
schlägt ein Herz weiter gegen jede medizinische Wahrschein-
lichkeit und alle gesellschaftlich akzeptierte Vernunft. Noch in
dieser Erinnerung von weither und noch in diesem Bild einer blutigen enthemmten Fantasie ist der Wunsch nach einem gesteiger-
ten Leben virulent; der kann alle infizieren, die sich wie die große

Abb. 9: Martin Jürgens: *The Hell of Meat Loaf,* 2023, Montage, 15 x 17,2 cm.

Liebende Ghismonda nicht mit dem Status quo begnügen mögen. An ihre Seite gehört Maria Kolesnikowa, in Belarus zu 11 Jahren Haft verurteilt, wegen versuchter verfassungsfeindlicher Machtergreifung. Auf etlichen Fotos vor ihrer Verhaftung und noch in Handfesseln und hinter Gittern formt sie mit ihren Händen ein Herz. Unter diesem Lebenszeichen bleibt man – so ein abgründiges Diktum des im Sommer 2021 verstorbenen Hermann Kinder – „unsterblich bis zum letzten Atemzug"[30].

***

30 Hermann Kinder: *Der Weg allen Fleisches.* Erzählung. Frankfurt am Main: Weissbooks 2014, S. 136.

WARUM STERBEN DIE DÄNEN SO SCHÖN?

ZU EINER SYMPTOMATIK DES LITERARISCHEN TODES UM 1900 (JACOBSEN, RILKE, PONTOPPIDAN, BANG, BLIXEN)

Patrick Eiden-Offe

I.

Am Ende seines großen Essays über die *Villa* lässt Rudolf Borchardt für einen Moment alle Zurückhaltung fahren und erklärt in einer kurzen Nebenbemerkung, was seiner Auffassung nach in der Gegenwart einem wirklichen Verständnis italienisch-lateinischer Lebensform und damit einer echten *restauratio* deutscher Kultur zu Beginn des 20. Jahrhunderts im Wege steht. Es sind, ausgerechnet, die Dänen: „Aber wer wissen will, wie die Villa und Italien zusammenhängen, der muß sich schon dazu herablassen, den letzten Dänen aus der Hand zu legen und unbekannte Schriftsteller zu lesen, wie Horaz."[1] Offen bleibt hier, was die zeitgenössischen Leser*innen bei den „letzten Dänen" suchten; was es war, das sie so scharenweise in die Arme der schreibenden Dänen getrieben hat, dass sie alle Sehnsucht nach Italien vergessen haben und ihren Horaz selbst dann nicht mehr hätten verstehen können, wenn sie ihn denn gelesen hätten. Die Antwort auf diese Frage steht der ersten Vermutung heutiger Leser*innen vielleicht entgegen: Die „letzten Dänen" der vorletzten Jahrhundertwende sind alles andere als *hyggeli*, und ihre zeitgenössischen Leser*innen haben bei ihnen nicht die sommerhellen Tage und sternenklaren Nächte gesucht,

---

1 Rudolf Borchardt: Villa. In: Ders.: *Schriften. Prosa I*. Berlin: Rowohlt 1920, S. 5–44, hier S. 44.

die man aus dem Urlaub vielleicht kennt, und auch nicht jene Sonnenuntergänge, die so spektakulär sind, dass Günter Grass sich einmal darüber gewundert hat, dass der dänische Staat nicht schon längst Steuern auf ihre Betrachtung erhebt.[2] Was die Leser*innen der Jahrhundertwende bei ihren geliebten „letzten Dänen" gesucht und gefunden haben, das war vielmehr der Tod, oder genauer: es waren Tode – schöne Tode. Es sind schöne Tode, die sich literarisch dann eben doch wie Sonnenuntergänge nach sommerhellen Tagen vollziehen. Niemand stirbt so schön wie die „letzten Dänen" um 1900; niemand lässt so schön sterben, und dass das wiederum heute so völlig vergessen worden ist, scheint mir für unsere Gegenwart wenigstens ebenso bedeutsam zu sein wie die Horaz-Vergessenheit seiner Gegenwart für Borchardt.

II.

Der erste der „letzten Dänen", um den es hier gehen soll, ist Jens Peter Jacobsen. Um 1900 war Jacobsen ein Kultautor. In seinen *Briefen an einen jungen Dichter* empfiehlt Rainer Maria Rilke dem jungen Korrespondenzpartner Franz Xaver Kappus die Lektüre Jacobsens mit allem Nachdruck. Schon im zweiten der Briefe – geschrieben übrigens in „Viareggio bei Pisa (Italien), am 5. April 1903", also nur ein paar Jahre vor und ein paar Kilometer entfernt vom Entstehungsort von Borchardts italienischer Sottise gegen die Dänen – lässt Rilke von allen Büchern, die er gelesen hat, nur zwei als „unentbehrlich" gelten: „die Bibel, und die Bücher des großen dänischen Dichters *Jens Peter Jacobsen*"; besonders der Roman *Niels Lyhne* liegt Rilke am Herzen.[3]

2 Als Quelle kann ich nur auf eine beim Abwasch gehörte Radiosendung über Grass bei *Deutschlandradio Kultur* verweisen. Im selben Feature wurde auch ein Gedicht von Grass vorgetragen, in dem er verfügt, dass ihm nach seinem Tod ein paar Nüsse mit in den Sarg gegeben werden sollen – dann können die Leute auf dem Friedhof immer das leise Knacken hören.

3 Rainer Maria Rilke: *Briefe an einen jungen Dichter*. Leipzig: Insel 1929, S. 12–13. Den dringlichen Hinweis auf Rilkes *Briefe* verdanke ich Hanna

Was es genau ist, das Rilke wünschen lässt, sein junger Briefpartner möge sein ganzes Leben der Liebe zu Jacobsen widmen, können wir aus dem Brief nur erahnen. Ich vermute, dass es paradoxerweise vielleicht der denkbar größte Gegensatz zum „Gewebe" des Lebens ist,[4] den Rilke bei Jacobsen sucht, und dieser Gegensatz wiederum findet sich denkbar pointiert im allerletzten Satz des Romans. Vom Protagonisten und Titelhelden Niels Lyhne heißt es hier: „Und endlich starb er dann den Tod, den schweren Tod."[5]

Was aber ist ein „schwerer Tod"? Ein Hinweis findet sich kurz zuvor, wo es heißt: „Und so dauerte es noch zwei Tage und Nächte."[6] Der „schwere Tod" ist schwer, weil das Sterben des schweren Todes „dauert" – lange dauert, ganze Tage und Nächte. Hiermit hätten wir, so vermute ich, ein erstes Merkmal des schönen Sterbens, das die Leser*innen der Jahrhundertwende bei ihren „letzten Dänen" gesucht und gefunden haben: Ihr Sterben „dauert", es vollzieht sich. Das schöne Sterben ist ein Prozess, kein punktuelles Ereignis, wie es die meisten gängigen Redeweisen implizieren: „Der Tod trat um soundsoviel Uhr ein" – wobei ja selbst noch die Rede vom Eintreten einen Vollzugscharakter andeutet, der durch die genaue Feststellung des Todeszeitpunkts (am besten auf die Minute genau) dann aber gleich wieder dementiert wird.

Wenn das Sterben also „dauert" und sich vollzieht, dann fragt sich natürlich sofort, ob und wie sich denn noch der Zeitpunkt bestimmen lässt, an dem das Sterben *beginnt*. Jedenfalls wird am Ende des *Niels Lyhne* deutlich, dass der Prozess- oder Vollzugscharakter das schöne (das gute, das schwere) Sterben in ein symmetrisches Verhältnis zu jenem Leben setzt, das im Sterben zu seinem Ende kommt. Das Sterben dauert also *a limine* ein Leben

Engelmeier und ihrem schönen und großen Buch *Trost. Vier Übungen*. Berlin: Matthes & Seitz 2021.

4 Rilke: *Briefe*, S. 14.

5 Jens Peter Jacobsen: *Niels Lyhne* [1889], aus d. Dän. v. Marie von Borch. Stuttgart: Reclam 1984, S. 218.

6 Ebd.

lang. Auch hier lohnt es wieder, ein paar Seiten nach vorn zu blättern. Kurz nach dem Tod seiner Frau und kurz bevor Niels sich als Freiwilliger zum Kriegsdienst meldet, in dem er durch „einen Schuß in die Brust"[7] den Tod finden wird, gibt es eine Art Resümee seines geistigen Lebenswegs zu lesen. Nach langen Kämpfen mit Gott hatte sich Niels endlich zu einem kämpferischen Atheismus aufgerafft – nur um dann zu merken, dass auch dieser nichts taugt, wenn er zu einer fest umgrenzten Weltanschauung geworden ist:

> Denn das Neue, der Atheismus, die heilige Sache der Wahrheit, welches Ziel hatte das alles, was war es anderes als Flittergoldnamen für das Einfache: das Leben ertragen, wie es war! das Leben ertragen, wie es war, und das Leben sich nach eigenen Gesetzen des Lebens bilden lassen.[8]

Nach dieser Erkenntnis, abgerungen einer langen, „qualvolle[n] Nacht", kann nichts mehr kommen, so denkt Niels; „sein Leben [sei] abgeschlossen", alles Weitere nur noch „interesselose Szenen [...], dem fünften Akt angeheftet [...], nachdem die Handlung zu Ende gespielt war".[9] Was allerdings noch fehlt, ist eben der Tod, der das Spiel endgültig beendet. Und dieser Tod, so möchte ich behaupten, wird Niels „schwer", weil er eben eigentlich die Erfüllung der gerade zitierten „letzten" Erkenntnis ist. Der „schwere Tod" ist ein gewichtiger Tod; es ist einer, der mit dem Leben abgewogen sein will, denn beides will ge- und „ertragen" sein. Damit ermöglicht der „schwere Tod" aber auch einen neuen Blick auf das Leben, er ermöglicht das „Neue", das zugleich das „Einfache" ist: Dass wir nicht nur das Leben, sondern auch den Tod so ertragen müssen und können, *wie er ist*, und dass wir damit dann auch in die Lage versetzt werden, zu akzeptieren und hinzunehmen, dass

7 Jacobsen: *Niels Lyhne*, S. 214.
8 Ebd.
9 Ebd.

das Leben (und der Tod) sich nach eigenen Gesetzen, nach den „Gesetzen des Lebens" (und den Gesetzen des Todes) bildet. Der „schwere Tod" bestätigt die Autonomie des Lebens (die eben nicht *unsere* ist, als vermeintlich freie Subjekte). Der „schwere Tod", der mit dem Leben in einem wesentlichen Verhältnis steht, lehrt uns, dass wir uns dem Leben überlassen müssen, um dann seinen (und nicht *unseren*) Gesetzen gemäß leben und sterben zu können: „O Herr, gib jedem seinen eigenen Tod. / Das Sterben, das aus jenem Leben geht / darin er Liebe hatte, Sinn und Not." – So fasst der Jacobsen-Leser Rilke die Todes-Erkenntnis des *Niels Lyhne* in seinem eigenen *Buch von der Armut und vom Tode* zusammen.[10]

Auch in den *Briefen an einen jungen Dichter*, die mit der nachdrücklichen Empfehlung der Lektüre Jacobsens begannen, kommt Rilke am Ende auf diesen zurück, will mir scheinen, auch wenn der Name hier nicht mehr genannt wird. Im vorvorletzten Brief – dieser nun geschrieben in „Borgeby gård, Flädie, Schweden, am 12. August 1904" – empfiehlt Rilke seinem Brieffreund, die „Traurigkeiten" des Lebens, die ihm begegnen, „mitten" durch sich hindurchgehen zu lassen, weil es nur dann möglich wäre, dass die Traurigkeiten die Seele wirklich „verwandel[n]" und „veränder[n]" können. Die Traurigkeiten aber, die wir nicht annehmen, gehen „unter die Leute" und stiften dort nur Unheil. Wir müssen die Traurigkeiten also als unsere Traurigkeiten, als die *uns* und *nur* uns zugedachten erkennen und annehmen; nur dann können wir sie – so ließe sich vielleicht etwas pietätslos in der Sprache der Psycho-Optimierung unserer Tage sagen – produktiv machen.[11] „Es ist nötig", resümiert Rilke, zu erkennen, „daß uns nichts Fremdes widerfahre, sondern nur das, was uns seit langem gehört."[12] Was

---

10 Rainer Maria Rilke: *Das Stundenbuch* [1905]. Frankfurt am Main: Suhrkamp 1996, S. 94. „Das Buch von der Armut und vom Tode" bildet den dritten Teil des *Stundenbuch* (S. 89–111) und ist dort auf 1903 datiert.

11 Rilke: *Briefe*, S. 41.

12 Ebd., S. 43.

aber gehört uns mehr, oder sollte uns mehr gehören, als unser eigener Tod? – so lässt sich aus den eben zitierten Versen rückfragen. Und tatsächlich kommt Rilke auch in seinen *Briefen* unweigerlich von den Traurigkeiten, die wir mutig annehmen sollen, zum Tod:

> Daß die Menschen [...] feige waren, hat dem Leben unendlichen Schaden getan; die Erlebnisse, die man ‚Erscheinungen‘ nennt, die ganze sogenannte ‚Geisterwelt‘, der Tod, alle diese uns so anverwandten Dinge, sind durch die tägliche Abwehr aus dem Leben so sehr hinausgedrängt worden, daß die Sinne, mit denen wir sie fassen könnten, verkümmert sind. Von Gott gar nicht zu reden. Aber die Angst vor dem Unaufklärbaren hat nicht allein das Dasein des einzelnen ärmer gemacht, auch die Beziehungen von Mensch zu Mensch sind durch sie beschränkt, gleichsam aus dem Flußbett unendlicher Möglichkeiten herausgehoben worden auf eine brache Uferstelle, der nichts geschieht.[13]

Damit ist die Problemstellung präzise benannt, die man als „Verdrängung des Todes“ aus dem Leben in der Moderne umschrieben hat. Auf die Diagnose aber lässt Rilke zugleich einen Therapievorschlag folgen, auf den wir indes schon vorbereitet sind: „Aber nur, wer auf alles gefaßt ist, wer nichts, auch das Rätselhafte nicht, ausschließt, wird die Beziehung zu einem anderen als etwas Lebendiges leben und wird selbst sein eigenes Dasein ausschöpfen.“[14] Wenn wir den Tod akzeptieren können, ohne ihn verstehen und damit schon als Rätsel beiseiteschaffen zu müssen, dann können wir jener „unendlichen Möglichkeiten“ habhaft werden, die das Leben bietet; und in Anknüpfung an Jacobsens Rede vom „schweren Tod“ können wir ergänzen, dass jener ein er- und ausschöpfender Tod sein muss, ein Tod, der das Leben ausschöpft; und die Aussicht auf einen solchen Tod – und das soziale Miterleben

13 Rilke: *Briefe*, S. 44.
14 Ebd., S. 45.

solcher Tode bei anderen – führt dazu, dass wir schon das Leben selbst ganz ausschöpfen.

Diese tröstliche Konversion, die den „schweren Tod" vorauslaufend zur Bedingung eines vollen, erfüllenden Lebens macht, fasst Rilke schließlich in Worten zusammen, die von solcher Schlichtheit sind – einer errungenen Schlichtheit, so will mir scheinen –, dass der leicht bei der Hand liegende Kitschverdacht kaum aufkommen will:

> Wir sind ins Leben gesetzt, als in das Element, dem wir am meisten entsprechen, und wir sind überdies durch jahrtausendelange Anpassung diesem Leben so ähnlich geworden, daß wir, wenn wir stille halten, durch ein glückliches Mimikry von allem, was uns umgibt, kaum zu unterscheiden sind. Wir haben keinen Grund, gegen unsere Welt Mißtrauen zu haben, denn sie ist nicht gegen uns.[15]

Wer das Leben erträgt, weil er oder sie auch den Tod zu „ertragen" gelernt hat (wie Niels Lyhne), der oder die kann sich sicher sein – und Rilke wendet sich persönlich an Kappus und ans *uns*, seine Leser*innen –, dann auch vom Leben *ge*tragen zu werden: „Sie müssen denken, daß etwas an Ihnen geschieht, daß das Leben Sie nicht vergessen hat, daß es Sie in der Hand hält; es wird Sie nicht fallen lassen."[16]

Der „schwere Tod" übt Mimikry am Leben, wodurch nicht etwa das Leben sich dem Tod annähert, sondern umgekehrt erst voll und ganz zu einem Leben wird, das alle seine Lebensmöglichkeiten ausschöpft. Der „schwere Tod" ist aber möglich nur für die, die sich schon im Leben für ihn geöffnet haben, die ihn zu den ureigenen Möglichkeiten des Lebens selbst zählen. Das mögen „wir" über Jahrtausende gewusst und praktiziert haben; in der jüngsten Zeit aber scheint dieses Wissen und diese Praxis des Lebens und Sterbens verloren gegangen zu sein. Die

15 Ebd.
16 Ebd., S. 46.

„letzten Dänen" aber erinnern uns noch einmal und immer wieder daran.

III.

Rilke war so begeistert von den Dänen, dass er sich gleich selbst einen erfunden hat: seinen Malte, den er als Spross eines alten dänischen Geschlechts imaginiert. Auch in den *Aufzeichnungen des Malte Laurids Brigge* nimmt alles seinen Ausgang vom Tod. Kaum in Paris angekommen, besucht Malte das Hôtel Dieu. Das älteste Hospital der Stadt ist ein Ort des Todes, und trotz seines Alters ist es ganz und gar mit der Zeit gegangen: „Jetzt wird in 559 Betten gestorben. Natürlich fabrikmäßig."[17] Die folgende Schilderung liest sich wie eine kurze Verlustrechnung des Todes in der Moderne: „Bei so enormer Produktion ist der einzelne Tod nicht so gut ausgeführt, aber darauf kommt es auch nicht an. Die Masse macht es. Wer giebt heute noch etwas für einen gut ausgearbeiteten Tod? Niemand."[18] Diese Diagnose einer modernen Massengesellschaft des Todes scheint indes kein Klassenphänomen zu sein:

> Sogar die Reichen, die es sich doch leisten könnten, ausführlich zu sterben, fangen an, nachlässig und gleichgültig zu werden; der Wunsch, einen eigenen Tod zu haben, wird immer seltener. Eine Weile noch, und er wird ebenso selten sein wie ein eigenes Leben.[19]

Um uns das, was hier beiläufig an Antithesen ausgesagt wird, in seiner ganzen Drastik vor Augen zu führen, entführt uns Rilke im folgenden Absatz zurück nach Dänemark. Hier, im Gutshaus aus Maltes erinnerter Kindheit, dürfen wir einen großen,

---

17 Rainer Maria Rilke: *Die Aufzeichnungen des Malte Laurids Brigge* [1910]. Frankfurt am Main: Suhrkamp 1996, S. 13.
18 Ebd.
19 Ebd.

einzigartigen, einen poetisch gut ausgeführten und „gut ausgearbeiteten Tod" miterleben, und einen Toten, der es sich herausnimmt, „ausführlich zu sterben"[20] – was sich im Übrigen auch in dem Buch niederschlägt, das von diesem Tod berichtet: Der fabrikmäßige Massen-Tod in Paris nimmt kaum eine, „der Tod des Kammerherrn Detlev Christoph Brigge auf Ulsgaard" ganze fünf Seiten in Anspruch.[21]

Auch der alte Brigge stirbt *seinen* Tod, und der ist so zäh wie er selbst, und er ist so schrecklich, wie der alte Brigge ein „schrecklicher Herr" war.[22] Brigge stirbt „zwei Monate lang", und er brüllt dabei wie ein Stier, Tag und Nacht, bis die ganze Gegend kirre wird und ein armer Knecht davon träumt, des Nachts ins Schloss einzusteigen und „den gnädigen Herrn [zu] erschlagen mit einer Mistforke" – nur damit dieses Sterben endlich aufhört.[23] Die Durchdringung von Leben und Tod formuliert Rilke schließlich in großer und paradoxer Verdichtung:

> Christoph Detlevs Tod lebte nun schon seit vielen, vielen Tagen auf Ulsgaard und redete mit allen und verlangte. [...] Verlangte die Hunde, verlangte, daß man lache, spreche, spiele und still sei und alles zugleich. Verlangte Freunde zu sehen, Frauen und Verstorbene, und verlangte selber zu sterben: verlangte. Verlangte und schrie.[24]

Der Tod bekommt schließlich seinen Willen. Nachdem dieser Tod – in den all das „eingegangen" war, was das Leben selbst „nicht hatte verbrauchen können" – zehn Wochen auf Ulsgaard gesessen hatte „und vergeudete", brüllt er schließlich auch den Rest an Leben noch aus sich heraus.[25] Der letzte Satz des Kapitels

20 Ebd.
21 Ebd., S. 15.
22 Ebd., S. 17.
23 Ebd., S. 14, 18.
24 Ebd., S. 16.
25 Ebd., S. 18.

kommt uns vertraut vor, und vielleicht gibt es auch gar nicht allzu viele Sätze, mit denen man die Schilderung eines solchen Lebens und eines solchen Sterbens angemessen beschließen könnte: „Er starb seinen schweren Tod."[26]

Der große, schwere, „böse, fürstliche Tod" des Kammerherrn Brigge stellt uns in fast grotesker Weise jene Zeiten vor Augen, in denen jeder Mensch noch seinen ganz eigenen und eigentlichen Tod gestorben ist.[27] Heute, in der großstädtischen Moderne, hingegen stirbt man jenen Serien-Tod, den Malte in Paris beobachtet. In der Gegenüberstellung ist noch ein weiteres Element enthalten, das zunächst kontraintuitiv erscheinen mag: Denn in der Großstadt stirbt jeder Mensch allein, gerade weil er in der Masse stirbt. In der Vormoderne hingegen – für die bei Rilke, aber auch bei den anderen „letzten Dänen", um die es hier gehen soll, der dänische Gutshof oder die Dörfer und Gehöfte des ländlich-entlegenen Jütland stehen – war der Tod noch ein soziales Phänomen: Der alte Brigge stirbt ganz als Herr, umgeben von seinen Verwandten und dem Gesinde, und er zieht sterbend mit diesem „ganzen Zuge von Dienern, Jungfern und Hunden" durchs Schloss, von einem Raum zum nächsten, von einer Etage in die andere.[28] Eine besondere Rolle spielt dabei schließlich das „Sterbezimmer" seiner Mutter, das nach deren Tod (vor immerhin dreiundzwanzig Jahren!) in ganz unverändertem Zustand erhalten wurde und das „nie jemand betreten durfte"; offenbar werden dem Tod (und den Toten) auch ganze Bereiche des Hauses und des Lebensumfelds eingeräumt.[29] Der Tod hält sozialen Kontakt, er kommuniziert mit den Lebenden und Verstorbenen, nach denen er bei Rilke ja auch „verlangt". Er ist jenes „Unaufklärbare" aus Rilkes *Briefen*, das gerade in seiner Dunkelheit für eine klare und intelligible Ordnung des Lebens in

26 Rilke: *Die Aufzeichnungen des Malte Laurids Brigge*, S. 18.
27 Ebd.
28 Ebd., S. 14
29 Ebd.

Raum und Zeit sorgt, und auch für klare und geordnete „Beziehungen von Mensch zu Mensch", die aber gerade darum erst ihren ganzen Reichtum „unendlicher Möglichkeiten" offenbaren.[30]

IV.

Dass auch der Tod also eine historisch-soziale Bestimmtheit aufweist, hatte Rilkes Malte in Paris entdeckt. Die „letzten Dänen" erfahren diese Bestimmung als Spaltung, die das eigene Land und ihr eigenes Leben durchzieht. Das Dänemark des späten 19. Jahrhunderts wird – auch von den Dänen selbst – als ein innerlich zerrissenes Land wahrgenommen: Die Hauptstadt Kopenhagen und seine metropolitane intellektuelle Elite sind längst Teil der europäischen Moderne. Der Rest des Landes aber verharrt noch in einer weitgehend agrarisch geprägten Vormoderne, die sich nicht zuletzt auch geistig in einer starren protestantischen Borniertheit manifestiert.

Die Spaltung des Landes prägt auch die Lebensläufe der Kopenhagener Elite selbst, denn die meisten ihrer Protagonist*innen kommen vom Land und haben die gesellschaftliche Modernisierung als biografischen Prozess durchlaufen. Auch der Titelheld des großen Romans *Lykke Per* (*Hans im Glück*) von Henrik Pontoppidan kommt aus der Provinz und zieht in die Stadt. Was der jütländische Pfarrerssohn Per – der eigentlich Peter Andreas heißt, der nun aber selbst seinen Namen modernisiert sehen will[31] – zunächst als eine Emanzipationsgeschichte aus patriarchalischem Mystizismus und Autoritarismus erlebt, enthüllt sich ihm zunehmend auch als eine des Verlusts. Die Darstellung der damit einhergehenden Desillusionierung Pers nimmt gut

---

30 Rilke: *Briefe*, S. 44.

31 Zum Namenswechsel Pers und zur übersetzenden Aneignung des *Lykke-Per* als *Hans im Glück* vgl. Lilliane Weissberg: Utopian Visions. Bloch, Lukács, Pontoppidan. In: *The German Quarterly* 67,2 (Frühjahr 1994), S. 197–210, hier S. 197–198.

800 Dünndruckseiten in Anspruch und hat dem Autor nicht nur den Literaturnobelpreis und eine gesamteuropäische Leser*innenschaft beschert, sondern dem Roman auch einen eigenen Abschnitt in Georg Lukács' vielgelesener und vielzitierter *Theorie des Romans*. *Hans im Glück* firmiert hier neben Großkalibern wie dem *Don Quixote*, der *Education Sentimentale* und dem *Wilhelm Meister* als *der* Roman, den heute niemand mehr kennt – und zugleich als derjenige, den die zeitgenössischen Leser*innen der *Theorie* wahrscheinlich als einzigen *alle* gelesen hatten.[32] Pontoppidan war der begehrteste der „letzten Dänen", und der Verdacht liegt nahe, dass dieser Erfolg auch damit zusammenhängt, dass der Autor seinen Helden, den armen *Hans im Glück*, am schönsten sterben lässt. Und man wird wahrhaftig sagen müssen: Pers Tod ist groß und wahr und schön.

Der junge Per kommt völlig mittellos aus der Provinz nach Kopenhagen und durchlebt hier, in der Folge aber auch in Paris, in Italien und den USA, alle Irrungen und Wirrungen, die die moderne Welt für einen jungen Mann bereithält, der sich aufgemacht hat, sie zu erobern: Als Ingenieur macht er sein Glück mit einen großen Hafen- und Kanalbauprojekt (das *fast* verwirklicht wird), er wird ein Mittelpunkt der Kopenhagener Bohème und erobert das Herz der schönen, reichen und geheimnisvollen Bankierstochter Jakobe Salomon.[33] Am Ende aber wirft er all das hin.

32 Vgl. Georg Lukács: Die Theorie des Romans. Ein geschichtsphilosophischer Versuch über die Formen der großen Epik [1916/1920]. In: Ders.: *Werke*, Bd. 1: (1902–1918), Teilbd. 2: (1914–1918), hrsg. v. Zsuzsa Bognár / Werner Jung / Antonia Opitz. Bielefeld: Aisthesis 2018, S. 527–608, bes. S. 579–581. Zur Stellung und Bedeutung Pontoppidans in den ersten Jahrzehnten des 20. Jahrhunderts vgl. Michael Niehaus: Hans im Glück. Georg Lukács liest einen Roman von Henrik Pontoppidan. In: Rüdiger Dannemann / Maud Meyzaud / Philipp Weber (Hrsg.): *Hundert Jahre „transzendentale Obdachlosigkeit". Georg Lukács'* Theorie des Romans *neu gelesen.* Bielefeld: Aisthesis 2018, S. 37–51, bes. S. 37–39.

33 Zur Figur der Jakobe Salomon als Typus „der bedeutenden Jüdin" vgl. Ernst Bloch: Pontoppidans Roman „Hans im Glück". In: Ders.: *Werkausgabe*, Bd. 9: Literarische Aufsätze. Frankfurt am Main: Suhrkamp 1985, S. 83–88, hier S. 85.

Er zieht wieder zurück nach Jütland, heiratet die Pfarrerstochter Inger und lebt mit ihr und seiner kleinen Familie schließlich ein kleines Leben im „gleichmäßigen Trott" der Provinz.[34]

Die ländliche Idylle ist aber nicht der Endpunkt von Pers Roman-Lebensreise, sondern nur die letzte Bühne für Pontoppidans grausam-desillusionierende „Ironie". Diese besteht, in Lukács' konziser Zusammenfassung, darin, „daß er seinen Helden überall siegen läßt, daß aber eine dämonische Gewalt ihn zwingt, alles Errungene als wertlos und uneigentlich anzusehen und es augenblicklich, sobald er es besitzt, fahrenzulassen."[35] Per lässt also am Ende auch noch sein kleines Glück fahren, er verlässt seine Familie und zieht allein und als Fremder an die äußerste Westküste, in einen „der ödesten Landstriche von ganz Dänemark",[36] um dort als wunderlich-asketischer Einsiedler zu leben und zu sterben: Er arbeitet in „strenger Regelmäßigkeit" als lokaler Wegebauassistent (und „nie waren die Wege dieses Bezirks so gut instand wie zu seiner Zeit"); er verzichtet auf „alle handfesten Genüsse" und wirkt „stets ruhig und zufrieden."[37] Er pflegt wenig sozialen Umgang, obwohl ihn alle mögen (außer dem Pastor: auch Pers Lebensweg musste unweigerlich in den Atheismus führen); sein einziger Freund und Bewunderer ist der Dorfschullehrer Mikkelsen, der in der Hütte nebenan lebt.

In der Abgeschiedenheit verzahnen sich Pers Leben und Tod schließlich so weit, dass der Übergang von einem zum anderen geradezu unmerklich vonstattengeht. Die Lebensweisheiten Pers, die er Mikkelsen mitgibt, sind schon von einer seltsamen und bestimmten Todesgewissheit durchtränkt, ganz so, als ob der – wie sich bald herausstellt: nahe – Tod erst Pers besondere Sicht auf das Leben ermöglicht. Und es ist auch diese dem Leser zunächst

34 Henrik Pontoppidan: *Hans im Glück*, aus d. Dän. v. Mathilde Mann, Übers. durchgesehen v. Hans-Jürgen Haube. Frankfurt am Main: Insel 1981, S. 782.

35 Lukács: Theorie, S. 580.

36 Pontoppidan: *Hans im Glück*, S. 793.

37 Ebd., S. 801.

noch unklare Todesnähe, die die mitgeteilten Weisheiten davor bewahrt, gänzlich in Kitsch und Trivialität zu verfallen. Es gehe, so erfahren wir, um ein „wahrhaft lebendiges Verhältnis zum Leben", das wiederum darin bestehe, sich in eine „selbständige, unmittelbare Verbindung mit den Dingen [zu] bringen".[38] Das Glück schließlich bestehe darin, die Erfahrung zu machen, „wenn sich einem ein bislang verborgener Winkel der Gedankenwelt oder der Wirklichkeit auftue".[39]

Die Erfahrung einer wirklich neuen, anderen und letzten Wirklichkeit eröffnet sich, als Per von einem „schrecklichen Krebsleiden" heimgesucht wird. Ihn überkommen „Schmerzanfälle", während denen er so laut brüllt – wir ahnen es schon –, „daß man sich in den drei Nachbarshäusern Baumwolle in die Ohren stopfen musste". Nach diesen Anfällen aber sieht Per aus, als habe er „einen reichen und tiefen Genuß gehabt".[40] Auch der eigene „physische Auflösungsprozeß" wird Per zu einem Gegenstand der Erfahrung; er folgt ihm neugierig mit dem Spiegel in der Hand, bis er schließlich das „Sehvermögen" verliert.[41] Der Todeskampf – dessen Schilderung, das muss bei einem Roman dieser Länge noch einmal hervorgehoben werden, gerade einmal eine Druckseite in Anspruch nimmt – endet in einer ganz stillen „letzten Stunde": „Kurz nach Mitternacht sank sein Kopf zur Seite. Sie [die im Zimmer anwesende Haushälterin und der Lehrer] hörten einen kurzen Seufzer. Er war tot."[42]

Es ist eine fast distanzierte Haltung, die Per in Bezug auf seinen eigenen Tod und die, noch mehr, der Roman in Bezug auf Pers Tod einnimmt.[43] Gerade dadurch wird, wie Lukács schreibt,

38 Pontoppidan: *Hans im Glück*, S. 802.
39 Ebd., S. 803.
40 Ebd.
41 Ebd., S. 803–804.
42 Ebd., S. 804.
43 Bloch bemerkt richtig, dass hier jedes „Pathos des Todes" fehlt (Bloch: Pontoppidans Roman, S. 86). Niehaus stellt sehr klar heraus, dass das letzte

dem „ganzen Leben [Pers] eine retrospektive Klarheit der Sinn-immanenz" verliehen:[44] Der Tod wird zu einer Perspektive auf das Leben, das wiederum aus dieser Perspektive so erscheint, als vollende und verwirkliche es sich erst in diesem (und *genau* diesem) Tod. Der je eigene Tod wird so paradoxerweise zum letzten Ausdruck eines „Selbsterhaltungstrieb[s]", der – so hatte Per es dem Lehrer erklärt – jedes Lebens dazu führt, „sich seines eigenen Wesens voll und ganz bewußt zu werden".[45]

Der Wille zum bewusst eigenen Tod setzt sich in einem minutiös geregelten Protokoll der Beerdigung fort, mit dem der Tote noch postum die protestantischen Routinen zu durchbrechen versucht, mit denen er sein ganzes Leben lang gekämpft hat. Bei der Bestattung auf dem kleinen Dorffriedhof darf zwar gesungen werden, aber es gibt keine Grabrede, und auch die Kirchenglocken sollen nicht läuten. Allein gegen Pers Wunsch, mit einer erschallenden Fanfare ins Grab gesenkt zu werden, kann der Pastor sich mit seinem Einspruch durchsetzen.[46]

Auch Pers Testament bricht mit allen Regeln des Herkommens. Das kleine Vermögen, das er sich durch seine asketische Lebensführung erspart hat, vermacht er dem „konfessionslosen Schulheim", das seine ehemalige Verlobte Jakobe nach der Trennung in Kopenhagen eröffnet hat.[47] Hier werden proletarische Kinder nicht nur kostenlos beschult, sondern auch ganz im „Glauben an Reinlichkeit, Ordnung und Anstand" unterwiesen – dafür aber ohne Religionsunterricht.[48] Pers Bruder Eberhard, der Karriere

Kapitel – also die ganze Darstellung von Pers Sterbeprozess – auch erzähltechnisch mit dem Rest des Romans bricht. Der „abstandnehmende Tonartwechsel" resultiert daraus, dass hier von interner auf externe Fokalisierung umgestellt wird. Damit werde gezeigt, wie „der Roman [...] die Perspektive des Subjekts am Ende *aufgezehrt*" habe. (Niehaus: Hans im Glück, S. 48.)

44 Lukács: Theorie, S. 580.

45 Pontoppidan: *Hans im Glück*, S. 802.

46 Vgl. ebd., S. 804.

47 Ebd.

48 Ebd., S. 806.

als Ministerialdirektor gemacht hat, ist entsetzt. Er versucht, die Gültigkeit des Testaments in Frage zu stellen, weil Per immerhin aus seiner Ehe mit Inger drei leibliche Kinder hinterlässt. Inger aber – mittlerweile mit einem reichen Gutsbesitzer liiert – verzichtet auf das Erbe. Sie hat Per längst verziehen, dass er sie und die Familie verlassen hatte, weil auch sie – wie die ebenfalls verlassene Jakobe – verstanden hat, dass Per den Weg in seinen ganz eigenen Tod auch ganz alleine gehen musste.

Eberhard steht für das alte, patriarchalische Dänemark, das eben doch nicht nur in der Provinz, sondern auch in Kopenhagen, im Zentrum der Macht selbst, noch fortwest. Die beiden Frauen aber, in all ihrer Gegensätzlichkeit, stehen für eine neue Zeit und den Geist einer Freiheit, die Per sein ganzes Leben lang gesucht und die er im Tod – im gesuchten Tod in der Einöde – gefunden hat.

In der „Typologie der Romanform", die den zweiten Teil der *Theorie des Romans* von Georg Lukács bildet, steht *Hans im Glück* am Übergang vom Roman des „abstrakten Idealismus", in dem der Held gegen eine Übermacht der Wirklichkeit kämpft, zur „Desillusionsromantik", wo der Held erkennt, dass er einen letztlich aussichtslosen Kampf gegen sich selbst zu führen hat. Der typologischen Zwischenstellung entspricht die historische eines Landes, das vom Prozess der Modernisierung zerrissen zu werden droht. Gerade Pers Tod – aber auch die anderen Tode, die die Handlung des Romans punktieren: der Tod von Pers Vater, der der Mutter, vor allem aber der von Pers proletarischem Vermieter in Kopenhagen, der Tod des alten Oberbootsmanns Olufsen – zeigen, dass die alten Regeln und Riten des Lebens und Sterbens zwar noch da sind, aber nicht mehr unangefochten gelten. Das Regelwerk bietet aber immerhin noch ein Gerüst, an dem sich Per abarbeiten kann, indem er es verlacht und verachtet; am Ende aber, anlässlich des eigenen Todes, bricht und überschreitet Per die Regeln und Riten in einer geradezu umsichtigen Weise, um den Anspruch auf Einzigartigkeit des eigenen Lebens mit letzter Kraft zu unterstreichen. In seiner typologisch-historischen Zwischenstellung erlangt der Roman, so schreibt Lukács, eine „isolierte Stellung", die ihn auch heutigen Leser*innen (die es kaum noch gibt) einzigartig und vielleicht sogar überzeitlich erscheinen lässt.[49] Das seltsame und schwere Glück jedenfalls, das unserem *Hans / Per im Glück* schließlich bei seinem Tod zuteil wird,[50] erhebt sich über alle historische Bedingtheit; es ist ein Glück, das auch hier und heute noch wünschenswert erscheinen kann – in einer Situation, die von der des wilden Jütland der vorletzten Jahrhundertwende völlig verschieden ist.

V.

Nicht nur die Dänen sterben schön, sondern auch die Däninnen. Das schöne Sterben der Frauen allerdings verändert dessen Charakter grundlegend. Selbst Pers zurückgezogenes, stilles Sterben am Rand des bewohnten Erdkreises trug noch alle Zeichen des Tragischen; der Kampf zwischen Schuld und Sühne tobte auch über seinem Tod und über seinen Tod hinaus. Pers Tod bleibt ebenso heroisch wie die Verzeihung, die er bei seinen beiden Frauen Jakobe und Inger findet. Erst bei Herman Bang, dem letzten der „letzten Dänen", um die es hier gehen soll, finden wir eine völlige Entblößung auch des schönen Sterbens: eine Desillusionierung ohne Tragik, eine Resignation ohne Heroismus. Und so stirbt in unserem letzten Roman denn auch kein männlicher Titelheld, sondern eine Frau, und sie stirbt *Am Weg*, „am Rand der großen Landstraße"[51] des Lebens, wie der ganz junge Georg Lukács über Bang geschrieben hat: „Es gibt Menschen, die schon

49 Lukács: Theorie, S. 580. Bloch bringt diese Beobachtung schön auf den Punkt: „Dieser Roman veraltet nicht, weil er das Veralten von vornherein in sich aufgenommen hat" (Bloch: Pontoppidans Roman, S. 87).

50 Bloch hält eindringlich fest, dass wir am Ende „wirklich Hans *im Glück*" vor uns haben (ebd.).

51 Georg Lukács: Herman Bang [1903]. In: Ders.: *Werke*, Bd. 1: (1902–1918), Teilbd. 1: (1902–1913), hrsg. v. Zsuzsa Bognár / Werner Jung / Antona Opitz. Bielefeld: Aisthesis 2018, S. 39–40, hier S. 39.

nicht mehr leben, obwohl sie noch nicht gestorben sind; sie leben nicht, sie schauen nur dem Leben zu."[52]

Die Frau, die am Ende von *Am Weg* sterben wird – groß und schön sterben wird in aller Entblößung –, ist Katinka. Sie lebt als große Dulderin ihr unscheinbares „kleine[s] Leben"[53] an der Seite des groben, lauten und unbedarften Stationsvorstehers Bai, den sie, als jüngste Tochter einer kleinen Handwerkerwitwe ohne große Chance im Leben, jung heiraten musste.

Katinka schaut dem Leben zu, das an ihr vorüberzieht in Form jener Züge, deren Halten und Weiterfahrt ihr Mann an einem kleinen, unbedeutenden Bahnhof in der dänischen Provinz beaufsichtigt. Von dem Ort erfahren wir nichts weiter; seine Bedeutung erschöpft sich schon darin, „am Weg", an der großen Bahnstrecke zu liegen. In Katinkas Leben stellt sich schon bald nach ihrer Hochzeit große, fast tödliche Ruhe ein:

> Das Jahr verging. Katinka glitt in das Leben mit den Zügen hinein, die kamen und gingen, und mit den Menschen der Gegend, die abreisten und wieder heimkehrten; und die Neues mitbrachten und nach Neuem fragten. [...] So verstrich die Zeit. [...] Aber die Zeit verging ja auch. Es waren schon zehn Jahre ... Ja – sie würde bald eine alte Frau sein. Sie war jetzt zweiunddreißig... [54]

In diesem durchstrukturierten Leben kommt es schließlich, wie es kommen muss: Einer der Züge bringt einen, der kommt und bleibt – erst einmal bleibt jedenfalls – und der Katinkas beschauliches Leben kräftig durcheinanderbringt. Huus, der neue Verwalter eines benachbarten Guts, ist anders als die anderen Männer der Gegend, und anders vor allem als der ungeschlachte Bai. Er ist still, zurückhaltend, scheu. Und er „interessierte sich für all die

---

52 Lukács: Herman Bang, S. 39.
53 Herman Bang: *Am Weg* [1886], aus d. Dän. v. Ingeborg Keel / Aldo Keel. Zürich: Manesse 2006, S. 235.
54 Ebd., S. 29–31.

kleinen Dinge, die Tauben und die neuen Erdbeerbeete, die jetzt im Herbst angelegt worden waren", die Katinkas Leben ausmachen.[55] – Die sich entspinnende Beziehung zwischen Tinka und Huus ,zart' zu nennen, vergröbert diese schon fast und verkauft sie an die Konvention; selten in der Literatur näherten sich zwei Menschen feiner und vorsichtiger einander an als diese beiden.

In der Annäherung dehnt sich denn plötzlich auch die Zeit, die zuvor in Dekaden voranzuschreiten begonnen hatte: „Wie merkwürdig, sich vorzustellen, daß Huss erst drei Monate hier war..."[56] Der Höhepunkt der Beziehung – und auch des Romans – ist gekommen, als Huus all seinen Mut zusammennimmt und Tinka und Bai eine „Waldpartie zum großen Jahrmarkt" vorschlägt, der in der Nähe stattfindet.[57] Die drei machen sich auf den Weg, und in der derben, aufgekratzten Atmosphäre des Marktes (in der auch Bai immer geiler wird auf die jungen Frauen, die dort umherspringen) nehmen sich Tinka und Huus noch wunderlicher und keuscher aus. Erst ganz am Ende, als sie schon wieder an ihre Station zurückgekehrt sind, kommt, was kommen muss: Tinka und Huus bedanken sich gegenseitig für den schönen Tag, und da „kam es wie ein Ausbruch, und plötzlich hatte Huus ihre Hand ergriffen und küßte sie zweimal, dreimal mit heißen Lippen. Und sprang in den Wagen und fort war er."[58] – Sie kann anschließend nicht einschlafen – wer könnte das? –, während Bai nebenan schon schnarcht: „Tinka saß am offenen Fenster. Der Tag war angebrochen. Lerchen und alle Vögel jubilierten über die weiten Felder. Alles war Gesang und Sonne und Zwitschern über den sommerlichen Wiesen."[59]

55 Ebd., S. 39.
56 Ebd., S. 65.
57 Ebd., S. 89.
58 Ebd., S. 139.
59 Ebd.

Ist damit endlich das wahre, das echte, das gelebte Leben in Tinkas Leben eingekehrt? Wird sie nun endlich das Leben leben, von dem sie als Mädchen nur manchmal scheu zu träumen wagte? Nein, natürlich nicht. Mit Huus' und Tinkas „Ausbruch" bricht vielmehr endlich und unwiderruflich der Tod in dieses Leben ein, in dessen Schatten es von vornherein gestanden hatte, wie auch all die Leben der anderen einfachen Frauen um Tinka herum. Deren geteiltes Schicksal wird Agnes, Tinkas beste Freundin, wenig später so zusammenfassen:

> [S]o viele Chancen haben wir ‚Frauen' eigentlich nicht; die ersten fünfundzwanzig Jahre unseres Daseins tanzen wir herum und warten darauf, verheiratet zu werden – und die zweiten fünfundzwanzig Jahre versitzen wir und warten darauf, beerdigt zu werden …[60]

Nach dem „Ausbruch" also kann Tinkas und Huus' weiterer Weg kaum zurück ins normale Leben oder gar in eine Affäre führen (oder eine Affäre, die das normale Leben geworden ist, wie bei Bai), sondern in eine Entsagung und eine Trauer, die ganz im Zeichen des Todes steht. Schon der Heimweg vom Jahrmarkt hatte über den Friedhof geführt – „‚Über den Friedhof', sagte Katinka. ‚Ja – das ist der einfachste Weg – und dort ist es *schön*'."[61] Und schon bei ihrem ersten Wiedersehen nach dem „Ausbruch", als Huus wieder vor Tinka kniet und ihr wieder leidenschaftlich die Hände küsst und sie „[s]o unbeschreiblich zärtlich […] die Hand durch das Haar des Schluchzenden gleiten" lässt, beendet Tinka die Beziehung abrupt und apodiktisch:

> „Oh – lieber Huus – die Zeit wird lindern … Sie … Wenn Sie", sie nahm die Hand von seinem Haar und stützte sie auf den Tisch, „jetzt abreisen … und wir uns nicht mehr sehen …" „Nicht mehr sehen?" „Ja – Huus – so muß es nun einmal sein … Aber ich werde Sie nie

---

60 Bang: *Am Weg*, S. 179.
61 Ebd., S. 133 (Herv. i. Orig.).

vergessen – niemals ..." Sie sprach so sanft mit tausendfach liebkosender Trauer in ihrer Stimme.[62]

Die Liebe amalgamiert sich bei Tinka von vornherein mit der Trauer, und diese Trauer liebkost Huus, sie liebkost aber auch Tinka selbst. Die trauernde Stimme streichelt Huus' Ohr wie ihr eigenes, so wie die Berührung ihrer Hand sein Haar streichelte und sie sich dabei selbst erst spürte. Mehr kann und darf es an Annäherung und Austausch nicht geben.

Wenn es dann wenig später heißt, dass sie „ihm Lebewohl gesagt" hätte, dann ist es auch ihr eigenes Leben, dem sie Lebewohl sagt.[63] Und als Tinka dann erfährt, dass Huus überstürzt aus der Gegend abgereist sei („mit einem Stipendium" über Kopenhagen nach Holland und Belgien), da kehrt gleich zweimal in wörtlicher Wiederholung eine Formulierung wieder, die zugleich wie eine Selbstbeschwörung klingt: „Abgereist und fort" – „Abgereist und fort".[64]

In der entsagenden Liebe zu Huus findet Tinka einen Selbstgenuss, den ihr niemand nehmen, der aber doch immer wieder auch in völlige Verzweiflung umschlagen kann: Auf dem Friedhof, am Grab ihrer Eltern („*Dort* war es am besten"), schwelgt Tinka zuvor schon einmal in der Fantasie, sie sei „eine Witwe, die dort am Grab ihres Mannes saß. Er wäre plötzlich gestorben, sie hätten so kurz zusammengelebt, und nun wäre sie allein, ganz allein."[65] Katinka scheint sich hier fast nach jenem kaum gelebten Leben zu sehnen, von dem Lukács schreiben wird – und sei es nur, um Trost zu finden in der Affirmation und aktiven Annahme jener Umstände, unter denen sie ohnehin zu leben gezwungen ist. Als Huus dann aber tatsächlich weg ist („abgereist und fort") und Tinka somit für sich selbst *wirklich* zu einer Art Witwe geworden

62 Ebd., S. 147.
63 Ebd., S. 151.
64 Ebd., S. 170.
65 Ebd., S. 156 (Herv. i. Orig.).

ist, da reißt eine Trostlosigkeit ein, gegen die kein Kraut mehr gewachsen zu sein scheint. Sitzend auf „Katinkas Grabstätte" – der Grabstätte ihrer Eltern, die Katinka pflegt –, bricht die Resignation still über sie herein: „Sie saß lange da. Und sie sah das Leben, das sie nun führen sollte. Und es war, als schlüge es über ihr zusammen, alles zusammen, *eine* einzige unfaßbare, übermächtige Hoffnungslosigkeit."[66]

Katinka wird dieses Leben nicht mehr lange führen müssen. Sie wird krank und macht sich in „stille[r] Feierlichkeit" ans Sterben.[67] Genau genommen wird sie selbst immer noch stiller und immer weniger. Katinka *vergeht*, so wie „[d]er Winter verging und der Frühling und der Sommer, der über den Feldern lächelte".[68] Ein anhaltendes Fieber zehrt sie aus, ein immer stärkerer Husten scheint sie zu „zerreißen"; die Schwindsucht legt sich auf „[b]eide Lungen", wie Bai in fast stolzem Selbstmitleid verkündet.[69] Trotzdem ist Tinka glücklich, weil sie Huus wahrhaftig nicht vergisst, und er sie auch nicht. Sie freut sich an dem kleinen japanischen Tablett, das er ihr auf dem Jahrmarkt gekauft hatte, und sie „erdichtete viele glückliche Träume", während sie an „hellen Vormittagen" in ihrem Bett liegt: „Sie weinte weiter, lautlos und glücklich."[70] Beim letzten Spaziergang in ihrem Garten kommt sie zu der Bank, auf der „Huus am liebsten" saß. Katinka lächelt und sagt: „Ja, hier saß er gern."[71]
Als es dann tatsächlich ans Sterben geht, ist es allerdings erst einmal vorbei mit dem Frieden: Auch Katinka brüllt wie ein Tier, sie hat Krämpfe, sie windet sich, Schaum läuft ihr aus dem Mund. Und auch bei Katinka kehrt am Ende Ruhe ein, auf eine

---

66 Bang: *Am Weg*, S. 172.
67 Ebd., S. 174.
68 Ebd., S. 195.
69 Ebd., S. 195–196.
70 Ebd., S. 209.
71 Ebd., S. 213.

bezeichnende Weise: Sie bittet die herbeigeeilte Freundin Agnes darum, ihr Lieblingslied auf dem Klavier zu spielen – aus früheren und späteren Szenen wissen wir den Text: „Unter des Grabes Gras schläft / Die arme Marianna – / Kommen Mädchen, weinen über / Die arme Marianna"[72] –, aber weder Agnes selbst, deren Tränen beim Spiel über die Tasten fließen, noch Katinka können die Musik hören. Das Leben zieht vorüber wie hinter Glas: „Gar nichts von alldem ist ihr geschehen. Nur lebte in ihrem Herzen eine Melodie, die sie nie zu singen vermochte" – so fasst Lukács das Schicksal der „Frauengestalten" Bangs zusammen.[73]

Am Ende wird Katinkas Sterbeszene dann unterbrochen durch die Schelle, die den nächsten Zug ankündigt: „Alles war wie gewohnt."[74]

VI.

Warum also sterben die Dänen so schön (und die Däninnen sogar noch schöner)? Zunächst einmal müssen wir hier vielleicht die Fragestellung korrigieren: Denn an substanziellen Gründen, warum die Dänen so schön sterben, kann ich wenig nennen. Der ganze Komplex hängt sicher mit dem eigentümlichen dänischen Protestantismus zusammen – sonst müsste bei den sterbenden Helden nicht immer noch einmal so nachdrücklich ihr endlich erreichter Atheismus betont werden. Dieser Protestantismus hat sich in seiner nüchternen Bilderlosigkeit selbst schon auf den Weg in jene desillusionierte Resignation gemacht, der auch die sterbenden Heldinnen und Helden auf der Spur sind; er bleibt in seinem schuldbesessenen Obskurantismus und seinem sozialen Konformismus aber doch auch tief in jener vormodernen Gesellschaft verwurzelt, als die uns das ländliche Dänemark in

72 Ebd., S. 150, 256.
73 Lukács: Herman Bang, S. 38.
74 Bang: *Am Weg*, S. 229.

den Romanen präsentiert wird. Diese vormoderne Gesellschaft verfügt noch über religiöse und gesellschaftliche Totenkulte; die moderne Verdrängung des Todes hat hier noch nicht gegriffen. Der Tod steht noch in einer festen Beziehung mit dem Leben, aber dieses Leben selbst ist dabei, sich grundlegend zu verändern; der Tod verfügt noch über eine massive, unübersehbare Präsenz im Leben, aber zugleich hat er schon keinen festen, klar umgrenzten Ort mehr in diesem. In diesem Spannungsfeld, in dem vormoderne wie moderne Umgangsweisen mit dem Tod nicht mehr und noch nicht wieder selbstverständlich geworden sind, bewegen sich die sterbenden Held*innen; nur in dieser Nicht-Selbstverständlichkeit des Todes kann ihr Sterben überhaupt so auffällig und eindrucksvoll ausfallen.

Mehr an substanziellen, ,objektiven' Gründen aber kann ich gar nicht nennen. Die Frage danach, warum die Dänen so schön sterben, muss – in einer subjektiven Wendung, die den „letzten Dänen" selbst wohl sehr plausibel gewesen wäre – umformuliert werden: Warum finden wir das Sterben der Dänen, so wie es uns die „letzten Dänen" präsentieren, so schön? Was ist es, das diese Tode literarisch so schön erscheinen lässt? Platonisch frisiert, könnte man sagen: Diese Tode sind schön, weil sie auch gut und wahr sind. In ihnen werden wir einer Wahrheit teilhaftig, die es sonst (schon oder noch) nicht (mehr) gibt. Die schönen, schweren Tode der Dänen bestätigen, dass auch das moderne Leben, *unser* Leben, noch schön und schwer sein kann (auch wenn wir immerzu dazu aufgefordert werden, es leicht zu nehmen) und dass auch unsere modernen Leben vielleicht gerade deshalb noch fähig sind, einen in sich notwendigen Abschluss zu finden und eine Ganzheit auszubilden. Oder, in der Sprache Goethes und der deutschen Klassik: dass auch unsere modernen Leben noch in der Lage sind, sich schön zu *ründen*.[75] In der Ründung sind das Leben

---

75 Zur Ründung in Schönheit vgl. das Traktat *Über die bildende Nachahmung des Schönen* von Karl Philipp Moritz von 1788, das Johann Wolfgang Goethe auszugsweise am Ende seiner *Italienischen Reise* zitiert. Hier heißt es:

und der Tod sich selbst genug; sie bleiben nicht auf eine transzendente Sinngebung angewiesen.[76] Damit ist das schöne Sterben als Abschluss eines guten Lebens aber nicht nur *noch* in der Moderne möglich, sondern gerade auch *erst* in dieser. Und damit sind die Todesimaginationen der „letzten Dänen" – bei all ihrer Kritik an der Moderne – auch nicht einfach rückwärtsgewandt; sie suchen (und versprechen) eine Möglichkeit des Lebens und des Sterbens, die *durch die Modernen hindurch* erst errungen werden muss. Dass dieser Kampf indes nicht immer ein titanenhafter sein muss, wie Niels' und Pers Lebens- und Todeskämpfe, sondern heute

„Aus diesem Brennpunkte muß sich, nach des Auges gemessener Weite, ein zartes und doch getreues Bild des höchsten Schönen ründen, das die vollkommensten Verhältnisse des großen Ganzen der Natur, eben so wahr und richtig, wie sie selbst, in seinem kleinen Umfang faßt." (Karl Philipp Moritz: *Über die bildende Nachahmung des Schönen*, zit. n. Johann Wolfgang Goethe: *Sämtliche Werke nach Epochen seines Schaffens. Münchner Ausgabe*, Bd. 15: Italienische Reise, hrsg. v. Andreas Beyer / Norbert Miller. München: Hanser 1992, S. 630–637, hier S. 631.)

76 Der auch formal gelungene Abschluss in einer „Sinnimmanenz", die Lukács an Pontoppidan lobt, vermisst er wiederum an Jacobsens *Niels Lyhne*: „Jacobsens Desillusionsroman, der die Trauer darüber, daß ‚es so viel sinnlose Feinheit in der Welt gibt' in wundervollen, lyrischen Bildern ausspricht, zerfällt und zerflattert; und der Versuch des Dichters in dem heldenhaften Atheismus Niels Lyhnes, in dem kühnen Aufsichnehmen seiner notwendigen Einsamkeit, eine verzweifelte Positivität zu finden, wirkt als eine von außerhalb der eigentlichen Dichtung herbeigeholte Hilfe." Wenig später charakterisiert Lukács Jacobsens Roman in formaler Hinsicht als „Scherbenberg". (Lukács: Theorie, S. 586.) Diese Abwertung zieht sich bei Lukács durch bis zur späten Theorie eines „kritischen Realismus". Noch hier firmiert Jacobsen als Vorläufer des strikt abgelehnten Kafka; beide könnten die „Entfernung Gottes aus der Welt der Menschen nicht als Befreiung" auffassen, sondern bloß „als Gottverlassenheit der Welt, als Herrschaft der Trostlosigkeit des Lebens, der Sinnlosigkeit aller menschlichen Zielsetzungen" (Georg Lukács: Die Gegenwartsbedeutung des kritischen Realismus [1957]. In: Ders.: *Werke*, Bd. 4: Essays über Realismus. Neuwied / Berlin: Luchterhand 1971, S. 457–603, hier S. 497). Pontoppidan wird in dieser Kampfschrift eher schonend behandelt: als legitimer Vorläufer eines genuin dänischen „sozialistischen Realismus", für den Martin Andersen Nexø steht (vgl. ebd., S. 563).

zunächst und zumeist im Unmerklichen sich vollzieht, das gezeigt zu haben, macht die Größe von Bangs Katinka aus.

VII.

Schließen wir mit einem Rück- und Ausblick: In einer großen Erzählung von 1957 lässt Tania Blixen noch einmal die *Saison in Kopenhagen* Revue passieren – und mit diesem Titel können wir vielleicht die ganze Welt der „letzten Dänen" bezeichnen, den letzten Aufschwung der dänischen Hochkultur des 19. Jahrhunderts; die Handlung der Erzählung ist auf das Jahr 1870 datiert. Blixen zeichnet in ihrer Erzählung das hinreißende Portrait der sieben hinreißenden Angel-Kinder: Geschwister aus dem niederen Adel Nordjütlands, die gemeinsam durch Natur und Gesellschaft stürmen und alles mitreißen, was ihnen begegnet. Zu Beginn zählt die Erzählung die Merkmale der „ganzen Sippe" auf:

Eins davon war die große, ungestüme Lebensfreude – das, was man in Frankreich *la joie de vivre* nennt. Alles, was zum täglichen Leben gehört – Atemholen, Erwachen oder Einschlafen, Laufen, Tanzen, Pfeifen, Essen, Wein, Tiere und bis herab zu den vier Elementen –, erfüllte sie mit einem Entzücken, ähnlich dem einer jungen Kreatur, der Wonne eines Fohlens, das man auf der Koppel loslässt.[77]

Wir ahnen schon: Zu den Dingen, die das tägliche Leben ausmachen und die die Angel-Kinder unbändig begeistern, gehört auch der Tod. Dass Blixen auch dieses „Merkmal" gleich zu Beginn ihrer Erzählung anführt, verleiht dem Ganzen (der Erzählung und den Leben, von denen hier erzählt wird) von Anfang an eine Geschlossenheit, die zunächst beklemmend anmutet, die sich dann aber doch in eine große Offenheit verwandelt. Denn das,

---

77 Tania Blixen: Saison in Kopenhagen, aus d. Dän. v. Wolfheinrich von der Mülbe. In: Dies.: *Nordische Nächte. Die schönsten Erzählungen*. München: Penguin 2016, S. 7–90, hier S. 23–24.

was bei den „letzten Dänen" immer „der schwere Tod" heißt, das wird im Rückblick bei Blixen nun ganz „leicht, gleichsam luftig" – so „leicht" und „luftig", wie sich auch die Angel-Kinder durchs Leben bewegen.[78]

Als die Rede auf den Tod kommt, klingt auch bei Blixen zunächst noch der alte, schwere protestantische Obskurantismus mit seinen alttestamentarischen Mucken an: „Der letzte Charakterzug der Geschwisterschar von Ballegaard bestand darin, dass das Los über sie geworfen, dass jedes von ihnen von vornherein dem Untergang geweiht war." Die Angel-Kinder sterben alle früh, und nach all den Toden müssen ihre Freunde „seltsam bewegt bei sich sagen: ‚Das haben wir gewusst.'"[79] Der frühe Tod gehört so sehr zu diesen wilden Kindern und ihren wilden Leben, dass alle Welt sich später nur „mit Staunen und Trauer an ihr Vorgefühl" erinnern kann.[80] Dass die Angels aber schon mitten im Leben vom Tod umfangen sind, macht dieses Leben und diese Leben selbst ganz und gar aus, denn es ist der Tod selbst, der als die wichtigste der „verborgenen Energiequelle[n] des Lebens" angesehen werden muss.[81]

In harten Antithesen setzt Blixen jene Umwendungen ins Bild, die schließlich vielleicht die letzte Lehre der schönen Tode der „letzten Dänen" enthalten:

> Und in den meisten Fällen wird das über das junge Haupt gefällte Todesurteil, weit davon entfernt, als Dornenkrone oder von der Welt trennende Schranke zu erscheinen, vielmehr wie ein matter Regenbogenschimmer leuchten, wie eine Gloriole oder als Kainszeichen eines besonders engen Pakts mit allem Lebendigen und dem Leben selbst. Auf solche Weise umgab das kommende Unheil die jungen Angels wie ein sanftes, kühnes Strahlen.[82]

78 Ebd., S. 25.
79 Ebd., S. 26.
80 Ebd., S. 27.
81 Ebd., S. 24.
82 Ebd., S. 26.

Mit leichter Hand übt Blixen uns hier in jene Umwertungen ein, die wir mit Bang erfahren können: Dass der Tod nicht als Trennung und nicht getrennt vom Leben angesehen, sondern hin- und angenommen werden will als etwas, was die „Schranke" zu anderen überwindet und gerade darum eine besonders intensive Verbindung, einen „Pakt" mit dem Leben überhaupt und allem Lebendigen stiftet.[83]

Was darüber hinaus mit dem „matte[n] Regenbogenschimmer" gemeint sein könnte, mit der „Gloriole" und dem „sanfte[n], kühne[n] Strahlen", das muss und das werde ich hier dahingestellt sein lassen. Es sind Erscheinungen wie diese, die uns dazu anhalten, die „letzten Dänen" eben doch nicht so schnell aus den Händen zu legen, wie Rudolf Borchardt es wollte, und vielleicht sogar dazu, mit ein paar der „letzten Dänen" im Gepäck einmal wieder nach Dänemark zu fahren. Dort kann man dann all das wahrhaftig sehen und erleben: das Strahlen, den Schein, den Schimmer; und die Erinnerung daran wird uns dereinst vielleicht einmal helfen, wenn es auch bei uns so weit sein wird und wir es nötig haben.

83 Zur politischen, radikal-demokratischen und antikapitalistischen Dimension einer solchen Auffassung von *diesem unserem Leben* vgl. Martin Hägglund: *This Life. Secular Faith and Spiritual Freedom.* New York: Anchor 2019.

IV

WIR WERDEN UNS FEHLEN

NACHWORT

Petra Moser / Martin Jürgens

Wer ‚Sterbenswörtchen‘ sagt, ist in der Gegenrichtung dessen unterwegs, was wir ‚Mitteilung‘ nennen: „Ich werde kein Sterbenswörtchen sagen, verlass dich drauf!“ So versprechen wir, dass wir nichts ausplaudern werden. Das viersilbige Wort ist also ein vorzeitiges Dementi all dessen, was wir (wem auch immer) sagen könnten. Damit hat es etwas Düsteres, da es uns trotz des Diminutivs an unser Ende erinnert, also an den Zeitpunkt, ab dem wir für immer verstummen. Wir werden sterben, todsicher. Das wissen wir, und es unterscheidet uns von den Tieren. Wann es sein wird und wie, davon haben wir zumeist keine blasse Ahnung, und deshalb haben wir eine ganze Skala von psychischen Abwehrstrategien zur Verfügung – von der routiniert-lässigen Vermeidung bis zur panischen Angst. Sie alle belegen: Der Tod ist ein Thema wie kein anderes.

Wir lassen dennoch oder eher deswegen nicht von ihm ab, auch wenn das heißt, sich an der Grenze des Unvorstellbaren zu bewegen, denn jeder Versuch des Erkennens bleibt auf das Leben angewiesen; der Gegenstand des Erkennens aber ist dessen Ende. Anders gesagt: Solange wir im Denken begriffen sind, ist unsere endgültige Abwesenheit für uns undenkbar. Wir glauben bis zum Ende nicht, dass wir uns einmal fehlen werden, und deshalb fehlen uns nicht selten die Worte.

Mit unserer Vergangenheit haben wir es da in der Regel leichter; Kindheit und Jugend sind ein wunderbares Reservoir von Erzählanlässen und literarisch fruchtbaren Erinnerungen. Die Beiträge in diesem Buch versuchen, die Blickrichtung umzukehren – zu unserem Ende hin. Damit erinnern sie an die Tradition der *Sterbebüchlein*, die im späten Mittelalter beginnt und im Zeitalter der Aufklärung endet. Hier wurde die *ars moriendi*, die Kunst des ‚guten Sterbens‘ im Sinne der christlichen Normen gelehrt. Heute gibt es nichts Vergleichbares, und die seit längerem grassierende Trostformel, der Tod gehöre eben zum Leben, ist ein flacher Witz auf Kosten von uns Lebenden; er beschädigt zudem unsere Selbstwahrnehmung im Medium des detailfreudigen und geduldigen Erzählens.

Das Bewusstsein, welche Bedeutung das Erzählen für unser Selbstverständnis hat, ist uns weithin abhandengekommen – nicht zuletzt dank der Übermacht des Visuellen in unserer von Medien und künstlicher Intelligenz geprägten Alltagskultur. Gleichwohl hören wir mit dem Erzählen nicht auf – in unseren Endlostelefonaten ebenso wenig wie in den sprunghaften Thekengesprächen, in denen die Themen permanent gewechselt und scheinbar entwertet werden und die letztlich doch nichts anderes zum Gegenstand haben als das, was im elaborierten Diskurs ‚Identität‘ heißt. In jedem Fall bleiben wir wie selbstverständlich im Banne einer Praxis, der die ökonomische Verwertung von Zeit fremd ist: So zu reden heißt, sich im Umkreis dessen zu bewegen, was in der marxistischen Tradition *travail attractif*[1] genannt wird – jenseits aller Entfremdung und der Tradition des Handwerks näher als jede Industriearbeit.

Auf den Zusammenhang von präziser Erzählkunst mit der zeitenthobenen, detailfreudigen Schönheit des Handwerks hat Walter Benjamin in einem 1936 geschriebenen Essay aufmerksam gemacht. Er scheut sich dabei nicht, auf den Begriff der Ewigkeit

---

1 Als ein Beispiel für *travail attractif* (anziehende Arbeit) findet sich bei Karl Marx das Komponieren.

und „seine stärkste Quelle", den Tod, zu verweisen: Wo „der Todesgedanke an Allgegenwart und an Bildkraft" verliere, gehe es auch mit der Kunst des Erzählens zu Ende.[2] Dieser Prozess beschleunige sich:

> [I]m Verlauf des neunzehnten Jahrhunderts hat die bürgerliche Gesellschaft mit hygienischen und sozialen, privaten und öffentlichen Veranstaltungen einen Nebeneffekt verwirklicht, der vielleicht ihr unterbewusster Hauptzweck gewesen ist: den Leuten die Möglichkeit zu verschaffen, sich dem Anblick von Sterbenden zu entziehen. [...] Sterben wird im Verlauf der Neuzeit aus der Merkwelt der Lebenden immer weiter herausgedrängt. Ehemals kein Haus, kaum ein Zimmer, in dem nicht schon einmal jemand gestorben war. [...] Heute sind die Bürger in Räumen, welche rein vom Sterben geblieben sind, Trockenwohner der Ewigkeit und sie werden, wenn es mit ihnen zu Ende geht, von den Erben in Sanatorien oder in Krankenhäusern verstaut.[3]

In Walter Benjamins mit theologischen Begriffen operierendem Befund erweist sich einmal mehr die Fruchtbarkeit der in seinen *Geschichtsphilosophischen Thesen* postulierten Indienstnahme der Theologie für die Produktivität des historischen Materialismus. Das zeigt sich auch in den in diesem Buch versammelten Texten. Ihre Absicht ist es, Sterben und Tod in die Merkwelt der lesenden Lebenden zurückzuholen. Dabei gibt es in diesem Band kein Primat einer Textsorte: Der Essay erweist sich mit seinen am Begriff orientierten Mitteln als ebenso produktiv wie die Bildsprache von Prosa und Lyrik und die Unmittelbarkeit eines letzten Briefs an die Freundinnen und Freunde vor dem geplanten Suizid. All dies

---

2 Walter Benjamin: Der Erzähler. Betrachtungen zum Werk Nikolai Lesskows. In: Ders.: *Gesammelte Schriften*, Bd. II.2, hrsg. v. Rolf Tiedemann / Hermann Schweppenhäuser. Frankfurt am Main: Suhrkamp 1977, S. 438–465, hier S. 449.

3 Ebd.

in einem Buch zu versammeln, erscheint uns nach einer Pandemie ebenso naheliegend wie unbescheiden.

Auf welch unterschiedliche Weise dies geschieht, macht – so ist zu hoffen – das ernste Vergnügen an der Lektüre der höchst unterschiedlichen ‚Sterbenswörtchen‘ aus: von den detailliert protokollierten Vorkehrungen Bertolt Brechts seinen eigenen Tod betreffend über die Erinnerungen an die ersten indirekten Begegnungen mit dem Tod aus Anlass von Beerdigungen im Kreis der Familie über das Protokoll eines Lebens in der „Nachspielzeit" bis hin zur überraschenden Schilderung der Schönheit des Todes in der dänischen Literatur der Jahrhundertwende. Die Unterschiedlichkeit der Gattungen, in denen sich die siebzehn Autorinnen und Autoren bewegen, von denen zwei nicht mehr leben, erweist sich als Vorteil: Unter dem Strich der Gesamtlektüre verschränken sich – so zumindest unser Wunsch – Bilder und Begriffe, die kräftige Schilderung und die schlüssige Verallgemeinerung produktiv miteinander. Wenn das gelingt, kann das der komplexen Genauigkeit der sprachlichen Annäherung an das finstere Thema nur zugutekommen.

Wie dringlich das ist, hat ein Meister der leichten Schreibhand vor etlichen Jahrzehnten in wenigen Zeilen formuliert: Gemeint ist ein 1929 in der *Weltbühne* veröffentlichter Text von Kurt Tucholsky, der von der Sorge um die handwerkliche Präzision des Schreibens förmlich vibriert. Sein Titel: „Mir fehlt ein Wort". Gemeint ist das Wort, das die Bewegung der Birkenblätter im Wind erfasst; diese Bewegung ist vom Fenster des schreibenden Ichs zu beobachten, und der letzte Satz des Textes teilt es mit: „Während ich dies schreibe, stehe ich alle vier Zeilen auf und sehe nach, was sie tun. Sie tun es. Ich werde dahingehen und es nicht gesagt haben."[4] Diese düstere Prognose nimmt den Tenor der

---

4 Kurt Tucholsky: Mir fehlt ein Wort. In: Ders.: *Gesammelte Werke*, Bd. 7, hrsg. v. Mary Gerold-Tucholsky / Fritz J. Raddatz. Reinbek: Rowohlt, S. 189–190, hier S. 190.

Anfangssätze auf und beharrt damit darauf, dass es um nichts Geringes geht:

> Ich werde ins Grab sinken, ohne zu wissen, was die Birkenblätter tun. [...] Der Wind weht durch die jungen Birken; ihre Blätter zittern so schnell, hin und her, daß sie ... was? Flirren? Nein, auf ihnen flirrt das Licht; man kann vielleicht allenfalls sagen: die Blätter flimmern ... aber es ist nicht das. [5]

Was das Scheitern der erwünschten Benennung bedeutet, wird kurz darauf formuliert, und es verwundert kaum, dass der Text (vergleichbar dem Essay von Walter Benjamin) eine theologische Färbung annimmt: „Was man nicht sagen kann, bleibt unerlöst [...]" [6].
Sich mit dem Unerlösten zu befreunden, ist keine schöne Aussicht. Deshalb bleibt etliches zu tun und das möglichst ohne Aufschub. Denn, wie es im Zitat am Ende des Beitrags von Hermann Kinder heißt: „[...] so jung wie jetzt kommen wir nie mehr zusammen." Nach der Lektüre von Hermann Kinders Beitrag wird deutlich: Damit ist mehr gesagt, als man solcher Alltagsweisheit zutrauen möchte.

5 Ebd., S. 189.
6 Ebd.

BIOGRAFISCHE NOTIZEN

Lothar Baier, geb. 1942 in Karlsruhe, studierte Germanistik, Philosophie und Soziologie. In den Jahren 1962/63 zählte er neben Heinz Ludwig Arnold, Jochen Meyer, Wolf Wondratschek und Gerd Hemmerich zum Redaktionskollegium der Zeitschrift *text und kritik*. Er beschäftigte sich in den 1970er Jahren vor allem kritisch mit den Nachwirkungen und der Verarbeitung des Nationalsozialismus – sowie mit der frankophonen Kultur. Zum Zeitpunkt seines Tod gehörte er auch in Frankreich noch immer zu den bekanntesten deutschen Intellektuellen. Baier publizierte in namhaften Zeitschriften – *Merkur, Kursbuch* und *TransAtlantik*, später auch im *Wespennest*. Er arbeitete für den Rundfunk, besonders für den *Deutschlandfunk*. Regelmäßig veröffentlichte er Beiträge in Tages- und Wochenzeitungen, anfangs für die *FAZ*, später für *Frankfurter Rundschau, taz, Süddeutsche Zeitung* und *Le Monde diplomatique*. 30 Jahre lang war er Mitarbeiter der *Zeit*. Nach dem Fall der Berliner Mauer arbeitete er insbesondere für den *Freitag*. Seit 1984 schrieb er für die Schweizer Wochenzeitung *WOZ*. Von 1997 bis 2003 war er dort Redakteur und später für das Gesellschaftsressort verantwortlich. Er übersetzte u. a. Jean-Paul Sartre (dessen literarisches Werk er auch in der deutschen Fassung herausgab), Paul Nizan und André Breton aus dem Französischen ins Deutsche. Seit den 1980er Jahren publizierte er sein essayistisches Werk auch in Buchform, beginnend mit dem Band *Französische Zustände* (1982). Ein kritisches Fazit der Ära Mitterrand zog er in *Firma Frankreich* (1988). Für die *taz* verfolgte er 1987 den Prozess gegen Klaus Barbie in Lyon; als einziger deutscher Journalist berichtete er acht Wochen lang über jeden Verhandlungstag. Weitere Publikationen waren das Buch über die Verfolgung der Katharer (*Die große Ketzerei*, 1984) und seine Erzählung *Jahresfrist* (1985). Ausgezeichnet wurde er mit dem Jean-Améry-Preis für Essayistik (1982), dem Johann Heinrich-Merck-Preis für literarische Kritik und Essay der Deutschen Akademie für Sprache und Dichtung (1989), dem Heinrich-Mann-Preis der Akademie der Künste, Berlin (1994), als Chevalier de l'Ordre des Arts et des Lettres des französischen Kulturministeriums (1996), dem Gerrit-Engelke-Preis der Stadt Hannover 2003. Lothar Baier schied in Montréal am 11. Juli 2004 durch Freitod aus dem Leben. Die Salle Lothar-Baier an der Universität Montréal ist nach ihm benannt.

Steffen Brück wurde 1968 geboren, einen Steinwurf vom Rhein entfernt. Er arbeitet als Redakteur und Autor beim Rundfunk Berlin-Brandenburg. Außerdem schreibt er gelegentlich Gedichte und kurze Texte für die Wahrheitsseite der *taz* und die *Titanic*. Er hat zwei Gedichtbände veröffentlicht: *Ein Leichtes* (2014) und *Von der Welt mal kurz nichts wissen* (2022), außerdem einen Roman in Miniaturen: *Sonst war nichts* (2020). Seit vielen Jahren veranstaltet er die Kreuzberger Lesebühne *Menschen auf Stühlen*. Als Sankt Neff schreibt er den Blog *Mein All*. Lebt in Berlin.

Claude Cueni, geboren 1956 in Basel und dort aufgewachsen, Muttersprache Französisch, schrieb Romane, Theaterstücke, Hörspiele und über 50 Drehbücher für Film und Fernsehen (*Tatort, Peter Strohm, Eurocops*). Sein historischer Roman über den Papiergelderfinder John Law (*Das Grosse Spiel*, 2006) wurde in zahlreiche Sprachen übersetzt und stand auch in China auf der Bestsellerliste. Mit seinen historischen Romanen über Charles Henri Sanson (*Der Henker von Paris*, 2013), Gustave Eiffel (*Giganten*, 2015), Hergé/Tintin (*Warten auf Hergé*, 2018), die Entdeckung der Philippinen (*Pacific Avenue*, 2015) und die Dramatisierung des Gallischen Krieges (*Cäsars Druide*, 1998) hat er eine treue Leserschaft gefunden. Für seinen autobiographischen Roman *Script Avenue* (2014) verliehen ihm die Zuschauer des Schweizer Fernsehens 2004 den Golden Glory für die berührendste Geschichte des Jahres. Zuletzt erschien bei Nagel & Kimche *Hotel California* (2021), ein Lebensratgeber für seine Enkelin.

Hannes Demming, geb. 1936 in Münster, Ältestes von sechs Kindern, studierte in Münster u. a. Altphilologie, legte 1962 das 1. und 1964 das 2. Staatsexamen ab, 1963–2000 Gymnasiallehrer in Greven, Münster, Hiltrup, Recklinghausen, dort ab 1975 Stellvertretender Direktor. Daneben ist er seit 1955 Sänger, Schauspieler (Theater, Fernsehen, Film, Sprecher für WDR, NDR, Rundfunk der DDR), Journalist (*Münstersche Zeitung, Westfälische Nachrichten*), Übersetzer, Regisseur, Autor westfälischer Sendungen und ab 1961 Darsteller bei der Niederdeutschen Bühne Münster, 1974–2009 deren Leiter. Familie: 1962 Heirat, 3 Töchter, 3 Enkel, 2 Enkelinnen, 2 Urenkelinnen, ab 2000 Witwer. Ausgezeichnet wurde er mit dem Rottendorf-Preis für niederdeutsche Literatur (1990), der Münster-Nadel (1999), dem Theater-Preis der Gesellschaft der Musik- und Theaterfreunde Münsters und des Münsterlandes (2004), dem Fritz-Reuter-Preis Hamburg (2014) und dem Bundesverdienstkreuz am Bande (2014).

Patrick Eiden-Offe ist Literatur- und Kulturwissenschaftler. Nach dem Studium in Tübingen und Hamburg und akademischen Stationen in Konstanz, Baltimore und Essen schreibt er zur Zeit am Berliner Leibniz-Zentrum für Literatur- und Kulturforschung (ZfL) an einer Biografie des ungarischen Literaturtheoretikers, Philosophen und Revolutionärs Georg Lukács. Seine letzten Buchveröffentlichungen sind *Die Poesie der Klasse. Romantischer Antikapitalismus und die Erfindung des Proletariats* (2017) und *Hegels „Logik" lesen. Ein Selbstversuch* (2021).

Martin Jürgens arbeitete nach Promotion (Germanistik) und Habilitation (Kunst- und Literatursoziologie) bis Ende 2000 als Hochschullehrer. Danach Lehraufträge u. a. an der UdK Berlin. Regie-Arbeiten für das Theater seit 1981, bisher über 30 Inszenierungen. Publikationen seit 1967, u. a. Essay-Sammlungen, z. B. *So. Über das Leben, die Kunst und den Tod* (2002). 2006–2019 Beiträge für *konkret*, ab September 2009 monatlich eine *lyrische Bildlegende*. Eine Auswahl davon erschien 2015 unter dem Titel *Frau Merkel sieht auf ihrem Schuh ein Streifenhörnchen, das sich putzt* im Neofelis Verlag.

Hermann Kinder, geb. 1944 in Thorn (Polen), verst. 2021 in Konstanz. Germanist und Schriftsteller (Romane, Erzählungen, Essays, Lyrik). Letzte Publikationen: *Die Herzen hoch und hoch den Mut. Das Familienalbum meines lutherischen Vaters 1942–1949* (2018) und *Harms Selfies. Bilder aus den Tagebüchern* (2019).

Christa Ludwig, geb. 1949 bei Kassel, studierte Germanistik und Anglistik in Münster und Berlin; seit 1989 ist sie freie Schriftstellerin. Ihr Buch *Ein Bündel Wegerich* (2018) wurde mit dem Eichendorff-Literaturpreis 2019 ausgezeichnet. Die Erzählung *Pendelblut* ist unveröffentlicht, eine Hörspielfassung wurde vom NDR produziert und im August 2001 zum Hörspiel des Monats gewählt.

Petra Moser ist Kunstpädagogin, Kunsttherapeutin und Erziehungswissenschaftlerin. An der Pädagogischen Hochschule Zürich lehrt sie u. a. Pädagogik und Kreatives Schreiben. Seit 2003 leitet sie die Literaturwerkstatt im Zentrum für Psychiatrie im Akademischen Lehrkrankenhaus der Universität Konstanz. Zudem ist sie seit 1998 als Bühnen- und Kostümbildnerin für diverse Theaterinszenierungen tätig. Promoviert wurde sie mit einer Arbeit im Grenzgebiet von Literatur- und Erziehungswissenschaft mit dem Titel: *Nah am Tabu. Experimentelle Selbsterfahrung und erotischer Eigensinn in Robert Walsers „Jakob von Gunten"*.

Leon Ospald ist in Würzburg geboren und aufgewachsen. Nach dem Abitur und dem Zivildienst in der Neurologie in Marburg absolvierte er 2010–2013 eine Schauspielausbildung an der Schule für Schauspiel in Hamburg. Es folgten Engagements an den Hamburger Kammerspielen, am Monsun Theater Hamburg und in Produktionen der HfMT Hamburg. Als Assistent und Autor arbeitete er 2014 beim Stadtteil-Festival „New Hamburg", ausgerichtet vom Deutschen Schauspielhaus Hamburg. 2015 studierte er an der Akademie für Darstellende Kunst in Ludwigsburg und wechselte 2016 an die UdK Berlin in den Studiengang Szenisches Schreiben. Neben Studium und Ausbildung arbeitete er als Küchenhilfe und als Lagerist, als Fahrer und als Pfleger, als Friedhofsgärtner und als Eisverkäufer. Seit 2015 unterrichtet er freiberuflich Deutsch als Fremdsprache. 2020 schloss er sein Studium an der UdK Berlin ab. Seit Herbst 2021 ist er Gastdozent an der Zürcher Hochschule der Künste. Von 2019–2022 wurden seine Theaterstücke bei Henschel-Schauspiel verlegt. 2020 erhielt er den Stückepreis des Else-Lasker-Schüler-Dramatikerpreises für das Theaterstück *Guppysterben*. Seit Dezember 2022 freier Autor. Lebt und arbeitet in Berlin.

Guido Rademacher, geb. 1968, flüchtete 1989 aus dem Sauerland nach West-Berlin, arbeitet als Hochschuldozent und Autor, ist ein gelernter Galvaniseur und erfahrener Senker.

Maximilian Riethmüller, geb. 1990 in Halle an der Saale, verbrachte die entscheidenden Jahre in einem Dorf im Saalekreis am Fuße des Petersberges, der bis heute von sich lügt, er sei auf seinem Breitengrad die höchste Erhebung bis zum Ural. Nach erfolglosem Jurastudium folgte ein Studium der Germanistik und Politikwissenschaften. Neben Veröffentlichungen von Gedichten und Erzählungen schrieb er Theaterstücke für und/oder mit den Regisseur*innen Lena Katzer und Florian Hein. Aufführungen erfuhren diese Arbeiten u. a. an der Volksbühne Berlin und am Theater Bielefeld. Weiterhin fungierte er als Darsteller, Regieassistent, Arbeitsloser und Komponist für Film- und Theaterproduktionen. Lebt in Berlin.

Jochen Schimmang, geboren 1948, lebt als freier Autor in Oldenburg. Zuletzt erschien der Roman *Laborschläfer* (2022). Im Jahr 2021 erhielt er den Italo-Svevo-Preis für sein Lebenswerk.

Katrin Seglitz studierte Literatur, Philosophie und Kunstgeschichte in München und Tübingen. Sie veröffentlichte zahlreiche Kurzgeschichten und zwei Romane: *Der Bienenkönig* (2009) und *Schweigenberg* (2019). 2014–2021 war sie Mitherausgeberin des Literarischen Jahreshefts *Mauerläufer*. 2018 erschienen Gespräche mit Geflüchteten aus Syrien: *Meine traurige Heimat war das schönste Land der Welt. Jetzt ist es das Unglücklichste.* 2021 wurde ihre Erzählung *Nuit Blanche* im Rahmen eines Wettbewerbs zu dem Hölderlinzitat „Wächst das Rettende auch?" ausgezeichnet. Im Herbst 2021 erschien das von ihr herausgegebene Buch *Dorthin gehen, wo die Parallelen sich schneiden* über die Gruppe 47 in Saulgau.

Wolfgang Ullrich, geb. 1967, lebt als Kulturwissenschaftler und freier Autor in Leipzig. Er forscht und publiziert zur Geschichte und Kritik des Kunstbegriffs, zu bildsoziologischen Themen sowie zur Konsumtheorie. Seit 2019 ist er Mitherausgeber der Buchreihe *Digitale Bildkulturen* im Verlag Klaus Wagenbach. Letzte Buchveröffentlichungen: *Selfies. Die Rückkehr des öffentlichen Lebens* (2019), *Feindbild werden. Ein Bericht* (2020) und *Die Kunst nach dem Ende ihrer Autonomie* (2022).

Erdmut Wizisla, Dr. phil., ist Leiter des Bertolt-Brecht-Archivs und des Walter Benjamin Archivs (beide Akademie der Künste, Berlin), Honorarprofessor an der Humboldt-Universität zu Berlin. Er veröffentlichte u. a. *Benjamin und Brecht. Die Geschichte einer Freundschaft* (2004) und gab u. a. heraus: *Die Bibliothek Bertolt Brechts. Ein kommentiertes Verzeichnis* (2007), *Begegnungen mit Bertolt Brecht* (2009), *„ich lerne: gläser + tassen spülen". Bertolt Brecht / Helene Weigel: Briefe 1923–1956* (2012), *Begegnungen mit Walter Benjamin* (2015) und *Benjamin und Brecht. Denken in Extremen* (2017).

Barbara Zoeke ist viel zu lange in die Schule gegangen, damals, als der Thüringer Wald noch grün war. Studium mit Ehrgeiz und Meisterbriefen: Diplom, Promotion, Habilitation. Forschung und Lehre an den Universitäten Münster, Frankfurt am Main, Würzburg; Lehraufträge an der University of Applied Sciences, München. Dreimonatiges Reisestipendium der Deutschen Forschungsgemeinschaft für die USA. Vorstandsmitglied, dann Präsidentin der International Society of Comparative Psychology. Neben wissenschaftlichen Veröffentlichungen zunehmend literarische Arbeiten: Sachtexte, Kurzprosa, Romane. Brüder-Grimm-Preis für Literatur für den Roman *Die Stunde der Spezialisten* (2017), der in mehrere Sprachen übersetzt wurde. Arbeitet an einem Roman über Künstlerinnen der 1930er und 1940er Jahre (u. a. über die Lyrikerin Gertrud Kolmar). Verheiratet. Lebt in Berlin und am Mittelmeer.

ABBILDUNGSVERZEICHNIS

Hermann Kinder: Nullo Usui Est

Abb. 1: Hermann Kinder: *Der Knibbler*. Aus: Ders.: *Der Weg allen Fleisches*. Erzählung. Frankfurt am Main: Weissbooks 2014, o. P. [S. 3].

Jochen Schimmang: Sanft entschlafen

Abb. 1: *Portrait von Baruch Spinoza*, um 1665, Öl auf Leinwand, 43 x 34,4 cm. Herzog August Bibliothek in Wolfenbüttel, Inv.-Nr. 117, AG der Digitalisierungs- und Fotowerkstatt.

Abb. 2: Bazon Brock: *Literaturblech „Der Tod muß abgeschafft werden ...",* Theoretisches Objekt, 1967. Foto © Ulrich Klaus. Vgl. Bazon Brock: *THEOREME. Er lebte, liebte, lehrte und starb. Was hat er sich dabei gedacht?,* hrsg. v. Marina Sawall. Köln: König 2017, S. 104.

Erdmut Wizisla: Luftdicht verschlossen: Brechts Stahlsarg

Abb. 1: Foto vom Grab Bertolt Brechts am Tag der Beerdigung, 17.08.1956. Bertolt-Brecht-Archiv, Akademie der Künste, Berlin, BBA-Fotoarchiv Nr. 16 / 006. 0.1.

Martin Jürgens: Der Griff ums Herz

Abb. 1: Bernardino Mei: *Ghismunda*, zwischen 1650 und 1659, Öl auf Leinwand, 66,5 x 47,5 cm, Palazzo Chigi, Siena.

Abb. 2: Ausschnitt aus: Bernardino Mei: *Ghismunda*, zwischen 1650 und 1659.

Abb. 3: William Hogarth: *Sigismunda Mourning over the Heart of Guiscardo*, 1759, Öl auf Leinwand, 100,4 x 126,5 cm, Tate Gallery, London.

Abb. 4: Ausschnitt aus: William Hogarth: *Sigismunda Mourning over the Heart of Guiscardo*, 1759.

Abb. 5: Ausschnitt aus: William Hogarth: *Sigismunda Mourning over the Heart of Guiscardo*, 1759.

Abb. 6: Ausschnitt aus: William Hogarth: *The Comic Muse*, 1758–1764, Radierung, Kupferstich auf Büttenpapier, 57,8 x 45 cm. Graphische Sammlung, alter Bestand, Inv.-Nr. A 31308,a. Foto: © Staatsgalerie Stuttgart.

Abb. 7: *Hinrichtung durch Vierteilung des Robert François Damien 1757*, zeitgenössischer Stich.

Abb. 8: Ausschnitt aus: Bernardino Mei: *Ghismunda*, zwischen 1650 und 1659.

Abb. 9: Martin Jürgens: *The Hell of Meat Loaf*, 2023, Montage, 15 x 17,2 cm.

WEITERE TITEL IM NEOFELIS VERLAG

Frau Merkel sieht auf ihrem Schuh ein Streifenhörnchen, das sich putzt

– Lyrische Kommentare zur Zeit: in Text, Bild und Ton –

von Martin Jürgens
mit einem Nachwort von Hermann Kinder
ISBN: 978-3-95808-029-4
mit 110 Abbildungen und mit musikalischen Vignetten
166 S., 19 €

Begegnungen mit (anderen) Tieren

– Literarische, wissenschaftliche und essayistische Texte, die neue Formen der Wahrnehmung, von Offenheit und Empathie ermöglichen und einfordern –

aus dem amerik. Engl. übers. und hrsg. von Susanne Opfermann
ISBN: 978-3-95808-357-8
222 S., 16 €

Literarische Wanzen. Eine Anthologie nebst einer kleinen Natur- und Kulturgeschichte

– Ein literarischer Streifzug durch die Jahrhunderte: Durch die verwanzten Betten Chinas, Russlands, Australiens und Deutschlands –

hrsg. von Klaus Reinhardt
ISBN: 978-3-943414-65-3
270 S., 16 €

Tod – töten – tot
Wenn das Töten von Menschen oder Tieren zum Beruf gehört

– Gespräche über die Umstände des Tötens von Mitmenschen oder
Tieren in beruflichen Kontexten –

von Annegret von Wietersheim
ISBN: 978-3-95808-359-2
126 S., 14 €

Tod
Expressionismus, Bd. 12

– Tödliche Zeiten, lebendige Kunst: Über die expressionistische
Beschäftigung mit dem Tod in bildender Kunst und Literatur –

hrsg. von Kristin Eichhorn / Johannes S. Lorenzen
ISBN: 978-3-95808-319-6
mit 10 Farb- u. 7 S/W-Abbildungen
122 S., 18 €

Mit dem Tod tanzen
Tod und Totentanz im Film

– Wie ein Medium den Tod ‚zum Tanzen bringt': dargestellt anhand
vielfältiger Beispiele aus der Filmgeschichte –

hrsg. von Jessica Nitsche
ISBN: 978-3-943414-58-5
mit 34 Farb- u. 19 S/W-Abbildungen
284 S., 25 €

Gedruckt mit freundlicher Unterstützung der
Stiftung palliacura

Klimaneutral gedruckt auf FSC-zertifiziertem Papier.

Bibliografische Information der Deutschen Nationalbibliothek
Die Deutsche Nationalbibliothek verzeichnet diese
Publikation in der Deutschen Nationalbibliografie;
detaillierte bibliografische Daten sind im Internet
über http://dnb.d-nb.de abrufbar.

Umschlaggestaltung: Marija Skara
Lektorat & Satz: Neofelis Verlag (mn)
Druck: PRESSEL Digitaler Produktionsdruck, Remshalden
ISBN (Print): 978-3-95808-421-6
ISBN (PDF): 978-3-95808-472-8